广告创意与设计

advertising creative and design

设计师必备广告策划手册

刘春雷　编著

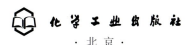

内容简介

本书由广告的历史与发展、广告与广告创意、广告创意思维方式与方法、广告图形创意四章内容构成。全书内容翔实、理论深刻，具有广告创意与设计创作方面的指导意义。书中注重广告创意的新思维、新观念、新知识和新技巧，以培养用视觉形象准确传达信息的创新能力，尽可能地以简明的文字和大量国内外优秀广告创意案例来讲解商业广告的创意方法和在实际设计中的运用。全书突出实用性，以培养读者的艺术创作能力、审美能力和艺术表现力为编写目标。本书既可作为各类院校广告与设计专业的教材，又可作为广告相关领域从业人士的参考用书。

图书在版编目（CIP）数据

广告创意与设计：设计师必备广告策划手册/刘春雷编著. —北京：化学工业出版社，2021.1（2025.1重印）
ISBN 978-7-122-38173-6

Ⅰ.①广⋯　Ⅱ.①刘⋯　Ⅲ.①广告设计-手册　Ⅳ.
① F713.81-62

中国版本图书馆CIP数据核字（2020）第243702号

责任编辑：王　斌　邹　宁　　　　　　装帧设计：王晓宇
责任校对：王鹏飞

出版发行：化学工业出版社（北京市东城区青年湖南街13号　邮政编码100011）
印　　装：北京宝隆世纪印刷有限公司
880mm×1092mm　1/16　印张9　字数260千字　2025年1月北京第1版第4次印刷

购书咨询：010-64518888　　　　　　　售后服务：010-64518899
网　　址：http://www.cip.com.cn
凡购买本书，如有缺损质量问题，本社销售中心负责调换。

定　　价：78.00元　　　　　　　　　　　　　　　　　　　版权所有　违者必究

前言
PREFACE

作为一种特殊的信息宣传手段和商业促销形式，广告具有非常悠久的历史。在人类社会发展进程中，广告一直占据着非常重要的位置。创意是广告的灵魂与生命，也是广告活动的中心。创意不仅直接决定了广告活动的品位及由此而产生的市场吸引力，而且间接影响着企业形象的塑造。因此，广告设计师的创意思维成为广告设计作品的第一成功要素。假设失去创意，就没有广告设计后面的一切。优秀的广告创意借助集体创造力、专业知识和数字化操作为一体的艺术创造过程，准确地表达出内涵，展现深厚的文化底蕴，激发受众共鸣，最终达成信息广泛传播的目的。

随着传播结构和机制的转变，受众接收信息的载体呈现多元化趋势。科技的进步使得商品市场的技术和功能趋于同质化，受众的注意力成为一种经济资源。想要吸引受众持久关注并形成影响力，当代广告设计的传播更需要创意的精心设计和管理。创意是人对人的信息最有效的传播方式。从受众的观察出发，吸引受众的注意力再到影响和改变受众的行为，受众对设计作品的兴趣和反应是检验其艺术性与适当性的最直接有效的标准。创意应用到广告设计中，给设计师提供的是一种多样化的设计思维方法，一种有助于迸发创意的建议，引导设计人员让设计传达的信息获得受众的认可，它的目的是让受众在海量信息中记住广告传递的信息或构思。因此，探究创意在广告设计中的应用表现，不仅是为设计师提供一种参考准则，更是为好的广告设计提供了有效思路，同时也成为检验广告设计效果的一个借鉴。

刘春雷
2020年初秋
于中国传媒大学35#公寓

目录 CONTENTS

第1章 广告的历史与发展 001

1.1 中国广告的历史与发展 ………… 002
- 1.1.1 中国广告发展时期划分 ……………… 002
- 1.1.2 中国各历史时期广告的特色 ………… 004

1.2 西方广告的历史与发展 ………… 012
- 1.2.1 西方原始广告时期（从广告产生到1450年）… 012
- 1.2.2 西方近代广告时期（1450～1850年）… 014
- 1.2.3 西方广告由近代向现代过渡时期……… 016
  （1850～1920年）
- 1.2.4 西方广告现代时期（1920年至今）……… 017

第2章 广告与广告创意 021

2.1 什么是广告创意? ……………… 022
- 2.1.1 什么是创意? ……………………… 022
- 2.1.2 广告与设计 ………………………… 024
- 2.1.3 广告与创意 ………………………… 026
- 2.1.4 广告创意的表现方式 ……………… 027

2.2 广告创意相关理论 ……………… 030
- 2.2.1 AIDA 理论 ………………………… 030
- 2.2.2 AIDMA 模式 ……………………… 031
- 2.2.3 USP 理论 …………………………… 032
- 2.2.4 ROI 理论 …………………………… 033
- 2.2.5 "3B" 理论 ………………………… 036
- 2.2.6 "KISS" 原则 ……………………… 037

2.3 广告创意的价值诉求 …………… 038
- 2.3.1 创造情感价值 ……………………… 038
- 2.3.2 实现营销价值 ……………………… 039

2.4 广告创意模型 …………………… 040
- 2.4.1 意象型广告创意说服模型 ………… 040
- 2.4.2 商品情报型广告创意说服模型 …… 044

第3章 广告创意思维方式与方法 051

3.1 广告创意思维方式 052
- 3.1.1 物化思维 052
- 3.1.2 逻辑思维 054
- 3.1.3 情感思维 056
- 3.1.4 直觉思维 058

3.2 广告创意思维方法与实践 060
- 3.2.1 顺向思维 060
- 3.2.2 逆向思维 061
- 3.2.3 形象思维 062
- 3.2.4 抽象思维 063
- 3.2.5 发散思维 064
- 3.2.6 聚合思维 065
- 3.2.7 定式思维 066
- 3.2.8 联想和想象 067
- 3.2.9 水平思维 068
- 3.2.10 垂直思维 069
- 3.2.11 比拟思维 070
- 3.2.12 情感转换 071
- 3.2.13 情感维系 072
- 3.2.14 情景转换 073
- 3.2.15 学会讲故事 074
- 3.2.16 以简胜繁 075
- 3.2.17 视觉意外 076
- 3.2.18 具体要素 077
- 3.2.19 诚信可信 078
- 3.2.20 乡愁之情 079

第4章 广告图形创意 081

4.1 抽象与单纯 082
- 4.1.1 点 082
- 4.1.2 线 085
- 4.1.3 面 088

4.2 多样与统一 090
- 4.2.1 主属 090
- 4.2.2 重复 091
- 4.2.3 集中 091
- 4.2.4 调和 092
- 4.2.5 对比 093
- 4.2.6 韵律 094

4.3 广告图形创意设计方法 096
- 4.3.1 空间感 096
- 4.3.2 立体化 098
- 4.3.3 超现实 099
- 4.3.4 视错觉 100
- 4.3.5 图形同构 102
- 4.3.6 置换 107
- 4.3.7 夸张 108
- 4.3.8 减缺 110
- 4.3.9 仿曲 110
- 4.3.10 仿结 112
- 4.3.11 断置 113
- 4.3.12 仿透 114
- 4.3.13 混维 115
- 4.3.14 趣味 116
- 4.3.15 互悖 120
- 4.3.16 异影 124
- 4.3.17 填充 126
- 4.3.18 延异 128
- 4.3.19 位移 130
- 4.3.20 叠化 132
- 4.3.21 动物元素 133
- 4.3.22 明星效应 134
- 4.3.23 光影 135
- 4.3.24 超高速摄影 136
- 4.3.25 第一视角 137

参考文献 138

第1章
广告的历史与发展

"广告"一词，尽人皆知，然而要搞懂它的确切含义，并不是一件容易的事。由于广告活动的丰富性、多样性和变异性，给广告释义是困难的。可以说，国内外的广告学界和业界，至今还未能对广告作出一个完全统一的、为人们所公认的解释。但是，对于这样一个广告学的基本概念，我们又有必要加以了解和探讨。因为定义概括了许多人对该事物的认识，是长期经验的总结，可以使我们比较简便地认识事物的特点，有一个可以遵循的统一认识。广告的定义是随着商品经济的发展、时代的变迁而不断演变的。广告一词最早源于拉丁文"advertere"，意思是引起注意、进行诱导。1300～1475年间，中古英语里有了"Advertise"一词。在17世纪，由于英国工业革命的兴起与发展，"Advertise"开始被广泛使用，在当时的报纸上，经常出现以"Advertisement"作为标题的"通告"，以引起读者注意。汉语的"广告"一词约从20世纪初在我国开始使用和流行，一般解释为"广而告之"的意思。本章拟从纵向角度提供一个历史维度，概述中国广告和西方广告的发展历程，为后面几章的学习提供一些知识储备和背景资料。

1.1 中国广告的历史与发展

按照大众传媒理论,广告是在特定信息传播过程中,依托信源、信息、媒介、信宿等要素形成一个完整的传播过程,最终完成特定目的的信息传播。广告的定义是随着商品经济的发展、时代的变迁而不断演变的。广告一词最早源于拉丁文"advertere",意思是引起注意、进行诱导。1300年到1475年间,中古英语里有了"Advertise"一词。在17世纪,由于英国工业革命的兴起与发展,"Advertise"开始被广泛使用,在当时的报纸上,经常出现以"Advertisement"作为标题的"通告",以引起读者注意。汉语的"广告"一词约20世纪初在我国开始使用和流行,一般解释为"广而告之"的意思。

1.1.1 中国广告发展时期划分

广告的历史源远流长。现代意义上的广告的发展是与商品经济的兴旺发达密不可分的,而商品经济宣传策略的多样化、科学化又从根本上受到科技进步和社会发展水平的制约。社会的进步推动信息的大量需求,科技带动生产力的加速度发展和传播手段的花样翻新。纵观全球广告的发展历史,广告的产生与演变过程是相似的。中国是世界上最早有广告活动的国家之一。中国广告的发展历史大致可分为三个时期。

1.1.1.1 古代广告时期

古代广告时期是从先秦时期到清朝末期(1840年之前)。这一时期的政治、军事类广告成为我们现代商业广告的起源。随着物质的丰富和奴隶制、封建制经济的发展,商业广告大行其道。

据史料记载,中国的"商人"源于殷(即商代)。"商"最初是部族名称,后转化为朝代名。中国的商代是青铜手工业鼎盛时期,酿造业也很发达,于是商品交换相对繁盛,商代人善于经商。到了周代,殷遗民一无所有,只有去做生意,因为当时的贵族不齿做生意,庶民不允许做生意,商品交换又是社会所需,于是商业成为殷遗民的主业。中国的封建时代以重农抑商、重本轻末为主旨,商人地位并不高。然而,历代工商业都有不同程度的发展。如傅玄所说:"夫商贾者,所以伸盈虚而获天地之利,通有无而壹四海之财,其人可甚贱,而其业不可废。"

中国奴隶社会时期和封建社会时期的城市和商业的发展为商业广告的出现与繁荣奠定了基础(图1-1)。这一时期主要广告传播形式有实物广告、叫卖和响器广告、招幌和招牌广告、装饰装潢广告、包装广告、零散的印刷广告等。尽管这些广告样式看似因陋就简,所依傍的媒介也是日常生活中唾手可得的,但是其间潜藏的古人的智慧令我们叹服。

图1-1 小子逢卣铭文

据《周记》记载,在当时的社会经济生活中,凡是进行交易都"告子士"。在商周时代,交易要以铭文形式铭刻于青铜器之上,这种铭文可以称为最早的广告萌芽

图1-2　四十三年逨鼎铭文

四十三年逨鼎，2003年1月19日出土于陕西省宝鸡市眉县杨家村。四十三年逨鼎铭文（图1-2）大意为，周宣王对一个叫"逨"的人说："你要兢兢业业、恪尽职守，不能贪图享受而放纵自己；你是监察官，要以身作则，秉公执法，不要欺侮那些无依无靠的百姓；审理案件要明辨是非，公平公正……单逨，我今日对你所说的话，你要时刻铭记在心，切勿辜负我对你的信任。"这是周宣王上告祖先、下告百官和百姓的告书，具有宣传、告知的目的。

1.1.1.2　近现代广告时期

从1840年到1949年新中国成立，是中国近现代广告时期。这一时期最突出的特征就是规模化的近代报刊业为广告事业的发展提供大众化的可能。

中国的近代大众化广告媒体——报纸，是伴随西方国家的入侵进入中国的。尽管中国古代也有一些报纸出现，但都是小规模发行或传阅，而且不具备刊登广告特别是商业广告的契机。西方国家的商品和资本入侵使得中国民族工商业者开始意识到在生存与竞争中宣传的重要性。在"师夷长技以制夷"思想的影响下，这时的有识之士开始模仿西方商业广告的宣传模式和宣传手段，并利用西方的先进媒体，如报纸（图1-3）、电影、广播、霓虹灯等运用到商业广告宣传中。于是这一时期进入了多种广告样式并行发展的时期，诸如路牌广告、广播广告、月份牌年画广告、橱窗广告、霓虹灯广告等都取得了迅猛发展。

中国的近代广告事业在冲击、吸纳与探索中慢慢成长，其间不乏成功的报业人士，如史量才、汪汉溪等，还有富有民族气节的路牌广告佼佼者王万荣。此外，月份牌年画广告的成长还催生了一批广告画家。

图1-3　报纸广告

1.1.1.3　当代广告时期

从新中国成立至今，为当代广告时期。经历了最初 30 年的约束和沉寂，改革开放之后的中国广告业突飞猛进（图 1-4）。今天的中国广告事业在宏观的全球化视野中不仅在探寻更切合中国现实状况的广告发展之路，同时也在具体的广告创作、广告公司的综合实力打造和专业化运营等方面书写着成就与波折。此外，中国台湾地区和香港地区的广告事业也各具特色。

图 1-4　中国 20 世纪 90 年代化妆品广告

1.1.2 | 中国各历史时期广告的特色

1.1.2.1　中国古代时期广告的特色

中国早在夏商周时期，伴随商品交换的发展，就出现了如实物、口头、响器、标记性的广告。当然，由于经济技术条件限制，这时广告形式很简陋。此后，古老的形式在沿用并有所突破创新，新的形式也在涌现。整个中国古代时期的广告按媒体样式划分主要有实物广告、叫卖和响器广告、招幌和招牌广告、纸包装广告、早期印刷广告、楹联广告等。

（1）陈肆辨物——实物广告

早在奴隶社会时期，我国已经出现了集市贸易，这也是物物交换时期最原始的实物广告。陈列出售的商品，使顾客一目了然，简单直观实用。《周礼·地官·司市》中有载"以陈肆辨物而平市"。汉代郑玄注："陈，犹列也；辨物，物异肆也。肆异则市平。"此句的意思就是说，将档次不同、质地工艺各异的不同类商品，分门别类摆在不同的摊位，防止优劣混杂，以次充好，这也便于人们购买时辨别比较。可见，"陈肆辨物"是典型的实物陈列式广告（图 1-5）。

图 1-5　实物是最具有说服效力的广告手段

（2）千里传音——叫卖和响器广告

叫卖广告亦称口头广告，伴随着口头叫卖，有时也用一些打击器皿（图1-6）发出悠扬声音以招徕顾客。这是古代适应物物交换需要出现的广告样式。屈原在《天问》中写道："师望在肆，昌何识？鼓刀扬声，后何喜？"师望就是姜太公吕望。"鼓刀扬声"就是吕望操起屠刀敲击肉案，并高声叫卖。这就是响器和叫卖广告的完美结合。《离骚》中也有类似描述："吕望之鼓刀兮，遭文王而得举。"响器广告的"响器"种类繁多。汉代时期卖饴糖的商贩以吹箫、管做广告。这也有史料为证。《周礼·春官·小师》云："……箫、管、弦、歌。"郑玄注曰："管，如今卖饧所吹者。"到南宋时，一些茶摊往往以敲响盏唱卖。宋代还把收购杂物旧货的小贩叫"常卖"，因为他们走街串巷时口喊"常卖常卖！"并手摇"惊闺"。"惊闺"是一种响器，意思是声音可以传到闺阁。贩卖针线杂货的货郎也是用这种响器（图1-7）。

图1-6　货郎鼓

货郎招揽顾客用的手摇小鼓，形状跟拨浪鼓相同但比较大

图1-7　叫卖与吆喝是最简便有效的商品宣传方式

（3）最早的品牌效应——招幌和招牌广告

"幌"原为布幔，表示经营的商品种类和服务内容。最早的幌子广告可以在《韩非子·外储说右上》记载的"狗猛酒酸"中找到例证："宋人有酤酒者，升概甚平，遇客甚谨，为酒甚美，悬帜甚高，然而不售，酒酸。"由此可知，我国战国时期酒家已经高悬"帜"来招引顾客。到了唐宋时期，"帜"又称"望子""幌子""酒帘""酒旌""酒幔""青帜""青帘""青旗"等。此外，以酒旗入诗成为唐代文化中一道靓丽景观，如杜牧《江南春绝句》："千里莺啼绿映红，水村山郭酒旗风。"皮日休《酒旗》诗云："青帜阔数尺，悬于往来道。多为风所飐，时见酒名号。"

到了唐五代以后，灯笼广告盛行。这主要是商业贸易发达和夜市的出现，以及灯笼制作工艺的进步，为这种广告形式提供了条件。灯笼上标明商号名称，起到招幌广告的作用。

图1-8 《清明上河图》中的彩楼欢门

招牌广告从先秦的"悬帜"发展而来。唐五代时集中于官方市场，至宋代遍及城乡。招牌广告分横额、竖牌、挂板三种，多以文字标示店名，也有些图文并茂。张择端《清明上河图》描绘汴京的繁荣街景就是店铺林立，招牌广布（图1-8）。又如《梦粱录·茶肆》中载有"俞七郎茶坊""蒋检阅茶肆"等招牌的名称。招牌广告到明清时期从形式到内容愈加成熟，在表达本店字号时更加注重文字的特定内涵和历史掌故。在南京和北京的商店，有一种特殊的招牌，大都竖于柜台中央的尽头，漆金牌子，黑漆底子写四个大字以表示其从事的行业，名曰"青龙牌"或"站牌"。如药店写"杏林春色"，酒店写"太白遗风"，茶叶店写"玉树含英"等。又如著名的"全聚德"烤鸭店的字号取其"全仁聚德，财源茂盛"之意，内含吉祥与美好的愿望（图1-9）。

（4）宣传与实用的结合——纸包装广告

在西汉时期，我国就开始用纸包装物品，但不具备广告性质。到了宋代出现"裹贴纸"，将纸和雕版印刷术结合起来，在包装纸上印上广告词以吸引顾客。宋代还出现了专门生产"裹贴"的作坊，叫"裹贴作"。到了元代，"裹贴"仍盛行。20世纪初，德国皇家普鲁士吐鲁番考察队在我国吐鲁番木头沟的伯孜克里克佛窟中捡得一片印字文书，这是被格伦威德尔（A. Grünwedel）编为TⅢM137号（ch1103）的纸片。纸片已残，但其上所印文字5行较完整，为木刻印板印成，5行字之外有双线外框，长宽均为9cm（图1-10）。专家确认这是我国现存最早的印刷包装广告实物。这是一种杭州生产的、包裹过金箔的包装纸。金箔由杭州泰和楼大街某商铺贩运到吐鲁番，用于伯孜克里克佛窟中的佛像贴金装修，其包装纸则废弃不用，以致到20世纪才被重新发现。纸上的印文介绍了本铺经营项目、开铺地点，宣传自己有讲"信实"、不误主顾使用的声誉，是推销该店所打造金箔的一种经营广告。它不仅说明元朝吐鲁番地区佛教的继续兴盛，同时也反映出吐鲁番与内地的经济文化交流已远达杭州。

图1-9 全聚德

图1-10 吐蕃出土元代杭州"裹贴纸"

（5）大批量的复制与生产——早期印刷广告

我国现存最早的印刷广告实物是北宋时期济南刘家针铺所用的铜版雕刻广告，约12.5cm×13cm，上面刻有"济南刘家功夫针铺"的标题，中间有"白兔捣药"图案，图案左右标注"认门前白兔儿为记"，下方写"收买上等钢条，造功夫细针，不偷工，民便用，若被兴贩，别有加饶，请记白"。整个版面生动形象，文字宣传讲述了针的质量和售买方法。这则印刷广告既可以做包装纸，又可以做广告招贴（图1-11、图1-12）。

图1-11　济南刘家针铺印刷品广告

图1-12　济南刘家功夫针铺印刷品广告所用雕刻铜版

（6）独特的诗意表达——楹联广告

对联广告是明清时盛行的一种广告形式。明清文人儒生打破传统重农抑商观念，以其文采学识涉足广告领域，清以后更为流行。如明代书画家唐寅曾为新开张的商号写下"生意如春草，财源似水泉"的对联，慕名而来观联购物者络绎不绝。清代广告对联以酒楼为最，如九江浔阳楼的"世间无比酒，天下有名楼"是酒联中的上乘之作。"炮制虽繁必不敢省人工，品味虽贵必不敢减物力"，北京同仁堂门口这副对联，树立起了"修合无人见，存心有天知"的自律精神（图1-13）。

图1-13　北京同仁堂

1.1.2.2　中国近代广告的特色

中国的近代是一个非常独特的历史时期,欧美列强在工业革命之后极力向外扩张,并把中国作为他们的争夺要地。欧美列强在疯狂向中国倾销商品掠夺原料,以致中国封建经济体制解体的同时,还在中国本土开办工厂、商号、银行,而且利用广告大肆宣传,于是我国出现了近现代报纸广告、路牌广告、广播广告、霓虹灯广告、橱窗广告等。我国民族工商业者受到外国商行影响,也效仿使用新式的广告媒介。我国的近现代广告业在发展中呈现出自身特色——广告主和商家的现代广告意识普遍增强,广告媒介种类增多,内容形式多样化,并越发讲究广告策略和技巧。

（1）中国近代广告的发端——近代报纸广告

图1-14　近代报纸广告

近代广告文化最显著发展的标志是报纸广告的出现与风行。在中国传统的商业中,出现了从早期的口头叫卖、悬帜招幌、牌匾门额到初级的印刷仿单广告形式,而受众相对更为广泛的报纸长期以来却是阶级的舆论工具,与广告宣传无缘。

中国是世界上最早出版报纸的国家,早在唐代初时就有《邸报》传发。《邸报》是封建宫廷发行的政府机关报。至清时,《邸报》改为《京报》,仍只在宫廷和官僚中传阅,不准刊登广告。

1840年鸦片战争以来,西方资本主义国家纷纷瞄准中国这一人口众多的经济市场。洋商、洋货、洋文化,更包括西方现代的广告理念与手段等急速涌入。始开中文报纸广告先河的是清咸丰八年（1858年）在香港创刊的《中外新报》,每日四开一张,广告约占2/3。同治元年（1862年）,英国商人在上海创办了《上海新报》,该报创刊之始即刊登招揽广告业务的启事,利用报纸广告经济且传播广的特点,与当时商家较常用的招贴广告之弊端说明对比,进行劝说（图1-14）。

图1-15　《申报》

《上海新报》的四版报纸中一般有3个版面是广告、船期、行情等内容。英国人美查创办的《申报》（图1-15）于同治十一年（1872年）在上海发行,创刊号上即有广告20则。以后的七十多年间,广告始终充斥于《申报》版面,兴盛不已,最多时达50%以上。《申报》广告最初以在沪外商广告为主。后来,由于该报的巨大影响力,无论华商洋商,大凡在上海销售商品,无不在《申报》竞刊广告。《申报》内容广泛,光怪陆离,乃至成为上海社会生活与工商文化发展的真实写照。

图1-16 《申报》广告—红金龙　　图1-17 《申报》广告—可口露　　图1-18 《申报》广告—冠生园

《申报》是我国近现代影响力最大的商办报纸。创办人美查办报目的就是赚钱，所以对广告极为重视。《申报》于1872年4月30日创刊，其广告版面（图1-16~图1-18）逐年上升，一般都在50%以上。外商广告、影剧广告和医药广告占大宗，另有烟草、汽车、化妆品、日用百货、布匹绸缎、衣帽服饰、公司启事、大百货公司"大减价"之类广告屡见报端。广告费用较低廉。广告刊例规定："以五十字为式，买一天者，取利资250文；倘字数多者，每加10字照加钱50文。买二天者取钱150文；字数多者，每加10字照加钱30文起算。如有愿买三四天者，该价与第二天同。""苏杭等处地方有欲刊告白者，即向该卖报店司人说明……并须作速寄来该价，另加一半作卖报人饭资。"这里"卖报人"可算是报馆广告代理人，"饭资"即广告代理费，这标志着广告代理制萌芽的产生。

（2）中国近代广告媒体的多样发展——路牌广告

20世纪20年代的上海，诞生了中国自己的广告公司。1924年，胡一记老广告社把分社开到上海。1926年，美国哥伦比亚大学经济硕士林振彬也把广告公司开到上海。外地的广告企业也纷纷迁到上海。到1935年，中外广告公司已经有一百多家。可见，当时上海的广告行业已相当发达，是中国的广告中心。

城市的扩展，商业的繁荣，带动了户外广告的发展。一家专营路牌广告的户外广告公司首先出现在上海。1927年，王万荣创办了"荣昌祥广告社"，专营路牌广告。由于其精通业务、服务周到、讲究信誉，几乎上海周边城市每块大型路牌广告都是由"荣昌祥广告社"经营代理。随着营业发达，王万荣把广告社改为"荣昌祥广告公司"。那时，很多商家不仅熟谙商业经，而且颇具广告意识。许多公司、商店为塑造形象、推销商品，会做宣传性广告。广告的形式有多种多样，或在自己所在的房屋墙面上竖起广告牌、店招，或在别处的高层建筑、显眼建筑的屋顶做广告，有些还是霓虹灯广告（图1-19）。

旧上海的户外广告主要有路牌广告、车辆广告、电车广告和霓虹灯店招等形式。像旧上海的"人丹""五洲固本皂""冠生园糖果饼干""三和酱菜""先施化妆品"等路牌广告，都是当时无人不知的品牌户外广告。

上海的户外广告在新中国成立前已有相当的发展。上海的广告业几乎与世界广告业同步发展，在纽约街头、巴黎街区所见到的广告都能在南京路上找到。鳞次栉比的户外广告牌成了当年十里洋场的重要标志。

图1-19 20世纪20年代上海街头各类悬挂广告

（3）中国近代广告媒体的多样发展——广播广告

中国最早的广播电台是 1922 年美国人奥斯邦设立的"中国无线电公司"在上海创办的"奥斯邦电台"，播出内容包括音乐、娱乐唱片、国内外新闻及推销无线电器材的广告。

中国人自办的电台始于 1926 年，在奉系军阀的支持下，中国东北的哈尔滨无线广播电台开播。中国最早的私人广播电台是 1927 年 3 月 19 日开播的上海新新公司广播电台，主要靠广告维持。广播广告的出现是现代广告业史上的又一里程碑。到 1934 年前后，出现了最早的专门承揽广播广告业务的专业广告社。奥斯邦电台（图 1-20）的正式名称是"《大陆报》暨中国无线电公司广播电台"。而中国无线电公司的经理就是奥斯邦本人。该公司名义上隶属于东方无线电公司（Radio Corporation of the Orient，也有译为"亚洲无线电公司"），但公司运营费用及其所建立的广播电台的开办资金主要是来自一位曾姓的旅日华侨。

1923 年 1 月 23 日 20 时，奥斯邦电台在广东路 3 号大来洋行顶楼正式对外播音。电台的呼号为 XRO（因此该台也被称作 XRO 电台），频率 1500 千赫，功率 50 瓦。开播首日的节目包括小提琴独奏、四重唱、萨克斯独奏以及新闻简报等（图 1-21）。

图 1-20 奥斯邦电台所在地——大来洋行

图 1-21 老上海电台演播室内现场录制节目的场景

（4）中国近代广告媒体的多样发展——霓虹灯广告

霓虹灯，最初光线比较单一、固定，仅作招牌、装潢之用。其后，技术不断改进，颜色也多种多样，光线能跳动变换，可以制作各种图案，栩栩如生。于是，商店、酒楼、戏院、舞厅竞相装置（图 1-22）。上海是我国最早用霓虹灯的地方，上海地区最早用霓虹灯做广告的商品是红锡包牌香烟。为了推广霓虹灯广告，商务印书馆曾经出版过一本《霓虹灯广告术》的书，专门介绍霓虹灯的原理及制作方法。

图 1-22 老上海霓虹灯广告

（5）中国近代广告媒体的多样发展——橱窗广告

橱窗广告是随着大百货公司的诞生而出现的一种广告形式（图1-23）。上海南京路的四大百货公司，即先施公司、永安公司、新新公司、大新公司，都在店面及门前设置大型橱窗广告。20世纪30年代后，一些中小商店也纷纷效仿，改装门面，扩大橱窗。精美的设计和商品陈列透过大玻璃窗纤毫毕现。

图1-23　橱窗陈列广告

（6）中国近代广告媒体的多样发展——月份牌广告

月份牌年画广告是我国最早的商品海报，它是一种结合画、广告与年历三位一体的商业文化产物（图1-24）。月份牌的一般形式是中间画画，两边是日历表，画的上方、下方是商号、洋行的名称或商品的图片。"月份牌"大量出现在20世纪初及20、30年代。为了推销产品，洋行和商号用传统年画形式，附上商品广告，在年终岁尾随商品赠送客户，这就是中国最早的商品宣传艺术。

图1-24　月份牌广告

1.2 西方广告的历史与发展

纵观世界广告事业的发展历史，广告活动的产生与发展与当地生产力水平、商业的发达程度及经济的繁荣休戚相关。从时间和地域看，无论东方还是西方，人类在奴隶社会时期就开始了广告活动。在东方，3000多年前的尼罗河流域的古埃及、两河流域的古巴比伦时期，就产生了广告活动。在西方，广告活动出现于古希腊、古罗马时期。近代广告在17世纪第一次工业革命时期的英国逐步发展起来。以后，广告中心转向美国。世界广告事业发展至今，形成了纽约、东京、伦敦三大中心。此外，一些广告大国也相继出现。

西方广告业的发展依据不同历史时期的广告技术发展水平，大致可分为以下四个时期。

第一个时期，从广告产生到1450年德国人古登堡发明金属活字印刷术前，是原始广告时期。这一时期以口头广告、文字类广告、商标类广告为主。

第二个时期，从1450年前后到1850年是近代广告时期。这一时期最显著的特点是印刷广告的产生及广告代理商的出现。

第三时期是1850~1920年，即近代向现代过渡的广告时期。这一时期主要特点是，报纸广告被普遍采用，随着摄影、霓虹灯等技术广泛应用于广告，广告形式出现多元化趋势，世界广告业中心从英国移向美国。

1920年以后进入广告业的第四时期，成为现代广告业大发展时期。这一时期最大特点是电子广告的问世。1920年广播的出现是这一时期的标志，1936年电视产生为以后的广告业突飞猛进准备了物质条件。20世纪90年代以后，互联网的出现与进步以其优越的传播特点，为广告业展示出广阔的市场空间。

1.2.1 西方原始广告时期（从广告产生到1450年）

人类社会在第三次社会大分工后，进入了原始商品生产与交换时期，形成了专门的商人阶层，于是招徕顾客的"广告"应运而生。广告是商品生产和商品交换的产物。原始广告时期广告的三种基本形式是**实物陈列、叫卖、店铺招牌**。

三种广告元素是**声音、图形、文字**。

这一时期受传播媒体和技术的制约较大，商品生产、交换和需求的有限性也影响了其发展。

1.2.1.1 "纸草书"——世界上最早的文字广告

历史资料表明，迄今发现并保存下来的世界最早的文字广告，是现存英国博物馆的一种写在"纸草"上的广告。这是一幅公元前1000多年前古埃及人留下的"纸草"遗物，记载了一位奴隶主悬赏缉拿逃跑奴隶的广告，内容是奴隶的面貌特征和悬赏筹码，落款是"能按您的愿望织出最好布料的织布师哈布"。这是一份手抄性质的"传单式广告"（图1-25）。

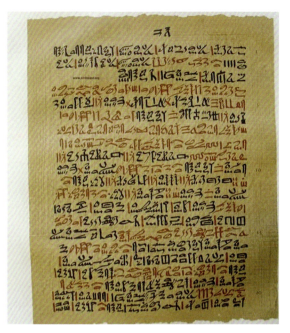

图1-25　古埃及纸草书　　　　　　　　　　　　　　　图1-26　罗塞塔石碑

在埃及尼罗河口的罗塞塔镇还发现过一块刻有象形文字、通俗体文字和希腊文字的石碑，是1799年拿破仑远征军中的一位炮兵士官发现的，其内容是公元196年埃及神官们为颂扬当时国王普特列玛奥斯五世功德而刻的。后人称之为"罗塞塔石碑"（图1-26）。这也是世界上最古老的文字广告、政治广告和石碑媒体广告实物。

除此之外，古巴比伦人也用楔形文字记载国王功绩等内容。这虽不是纯粹意义上的广告，但可以推测当时已经有文字广告产生。

1.2.1.2　古希腊、古罗马时期的广告

古希腊、古罗马时期，沿海地区经济较发达，广告形式有陈列、文图、叫卖、诗歌、招牌等多种。在雅典城里，人们有节奏地吆喝着贩卖奴隶和牲畜及手工艺品。古代雅典还流行一种四行诗式的广告，如"为了两眸晶莹，为了两颊绯红，为了人老珠不黄，也为了合理的价钱，每一个在行的女人都会购买埃斯克里托普制造的化妆品"。

古罗马城的大街上充斥着叫卖商贩；在闹市和街区，不少店铺门口都挂着招牌；城里的房屋墙壁上，也涂满了粗糙的广告文字和图画。古希腊、古罗马时期也出现了商标字号的广告形式。一些陶器金器和灯具上都刻有文字或图案标记，主要是便于官方征税或便于作坊主人和工匠之间记账的戳记（图1-27）。

图1-27　古罗马戳记

到了13世纪时，行会盛行，各行业之间有了特定的印章，并从签刻工匠姓名发展到简单的图形标记。

1.2.1.3　欧洲中世纪时期的广告活动

公元 1141 年，法国贝星州出现了由 12 人组成的口头广告组织，并得到法国国王路易七世的特许，在大街小巷进行叫卖活动。到 1258 年，法国政府颁布了名为《叫喊人法则》的法令，体现出当时的叫卖广告在法国享有一定的地位。该法令规定，巴黎的叫卖人，可以到任何一家酒店为它担任叫卖工作，店主不得拒绝，但已雇有叫卖人者除外。

在中世纪中后期，传单、招贴、旗帜、招牌等广告形式都比较普遍了（图 1-28）。

图 1-28　中世纪法国集市——香槟集市

1.2.2 | 西方近代广告时期（1450~1850 年）

18 世纪 60 年代始于英国的工业革命促进了欧洲社会的商品化，也催生了对广告的更大需求，传媒业的发展和传播技术的革命也使广告成为产业。其中报纸和纸质广告是主流媒体。

德国、英国成为这一时期的广告发源地。

1.2.2.1　西方印刷广告的开端

中国印刷术在 8 世纪以后传入欧洲。公元 1438~1448 年，德国人古登堡发明了一整套铅活字印刷工艺，从而大大提高了印刷质量和速度，成为近代广告变革中的最重要因素。这种印刷技术得到广泛应用后，人类广告活动进入了印刷广告时代。

1472 年，英国伦敦富商威廉·卡克斯顿（William Caxton）（图 1-29）设立了第一家印刷所，印制《圣经》和其他宗教书籍，同时他还印制一些招贴广告来说明他的印刷机的优良性能以推销他的书籍。到 16 世纪末叶，英、法等国用印刷机印制的广告传单和招贴广告已经非常盛行了。卡克斯顿有长期的经商经验，他了解市场，懂得怎样出版投合读者（包括王室、贵族和平民）需求和欣赏口味的各类书籍。

图 1-29　威廉·卡克斯顿

1.2.2.2 西方报刊广告的产生与发展

16世纪后,工业革命使欧洲国家资本主义经济得到进一步发展,德、英、法、美等国相继出现定期印刷报刊,报刊很快成为敏锐商人的广告媒体。1609年,德国出版了世界最早的周报《报道式新闻报》。英国最早的定期出版报刊是1621年的《每周新闻》。

1650年,英国《新闻周报》登载了一则寻找被盗马匹的"悬赏寻马启事",这被认为是**世界上第一篇报纸广告**。

欧美国家后来又出现了日报。最早的日报出现在德国。1660年在德国莱比锡创刊的《莱比锡新闻》本是周报,到1663年改为日报。英国的第一张日报是1702年在伦敦出版的《每日新闻》。

到18世纪末,刊登商品拍卖消息及广告已成为各大报的特色。当时主要的广告主有书商、药商、化妆品店、传票代理人等。

美国的第一份日报是在费城创办的《宾夕法尼亚晚邮报》,1783年改为日报。而美国最早刊登广告的报纸是1704年的《波士顿新闻通讯》(*Boston news-letter*),这也是美国报纸上最早的有偿广告。

1.2.2.3 广告代理商的出现

在印刷术应用的初期,世界广告兴起的中心是英国。广告业的发展使英国政府加强了对广告的管理,还开征广告税,这在一定程度上限制了报纸广告的发展,但也促进了广告表现手法的革新以吸引消费者。

广告代理商首先出现于17世纪的英国。1610年,英国第一家广告代理店是詹姆斯一世让两个骑士建立的。1729年,富兰克林在美国创办《宾夕法尼亚时报》并把广告栏放在报头下面、社论前面,富兰克林既是出版商和编辑,又是广告作家和广告经纪人。

1.2.2.4 广告评论

对广告的评论随着广告的发展开始出现。1759年,英国的文坛宿将约翰逊在《懒惰者》一书中对广告进行了评述,指出广告应该服从公众利益,要注重道德问题,应该追问一下其中是否有玩弄人们感情的行为。约翰逊在《懒惰者》一书中对当时的广告作了如下评述:"现在广告的数量增加了,而且看完后就被扔掉,因此广告必须要发挥应有的作用。"

他进一步评论说:"广告的买卖现在已经到了接近完美的程度,要想有所改变是件不容易的事。但是广告也和其他技术一样,应该服从公众的利益。我对那些负责制作广告的人,不能不问一下有关道德的问题,你们是否有玩弄人们感情的行为……""普遍的东西容易被人们轻视,在当今广告量增加,而且在看完就被扔掉的时候,广告必须发挥出它应有的水平。有时是很崇高的,有时是很感人的,以此来吸引人们的注意。同时广告要遵守规定章程,这是广告的灵魂。"

1.2.3 | 西方广告由近代向现代过渡时期（1850～1920年）

19世纪，随着美国的崛起，广告中心逐步移到美国。这一时期的广告理论和广告手段逐步走向成熟。

1.2.3.1 广告传媒的大众化

世界上有影响报纸的进一步发展，使这一时期广告传媒加速大众化。这一时期首先在英国出现了大众化廉价报纸。19世纪初期和中期，英国陆续出现了一些价格低廉的报纸，称为"便士报"。

19世纪中后期，美国和法国等国家也出现了廉价报纸。特别是美国的廉价报纸最为典型。美国第一份成功且典型的廉价报纸是1833年由本杰明·戴在纽约创刊的《太阳报》，它在内容上以登载地方新闻、社会新闻及"人情味"故事为主，因此三年后其发行量居纽约各报之首，于是广告客户蜂拥而至，广告所占版面越来越大。后来，纽约又出现了一些著名的廉价报纸，有《先驱报》《论坛报》《纽约时报》等。报业的发达，促进了广告业的繁荣。

《太阳报》1833年由本杰明·戴创办于纽约，发行至1950年停刊。《太阳报》被认为是美国第一份成功的便士报（图1-30），成为美国商业刊物的发轫。由于其发行的成功和开创性作用，与后来由贝内特创办的《纽约先驱报》和《纽约论坛报》并称为美国新闻史上的三大便士报。该报每份售价一分钱，在街头出售。

图1-30 《太阳报》

《太阳报》的口号是："照耀所有人（It Shines for All）。"初为清晨编辑版，夜间编辑版于1887年开始实行。弗兰克·芒西于1916年将另外两份报纸与《晚间太阳报》合并为《纽约新闻报》，清晨编辑版的《纽约太阳报》与芒西的《纽约先驱报》合并为《太阳与先驱报》。但在1920年，芒西将其再次拆分，将晚间太阳报停刊，改革太阳报为晚报风格。这份报纸持续发行至1950年。

1.2.3.2 早期广告产业形成

广告公司和广告代理业最早诞生于美国。1842年，沃尔尼·帕尔默在费城开办了第一家广告公司。不过当时的广告代理业只是单纯的广告掮客，它并不提供广告设计和相关服务。19世纪中期，广告经纪人出现。1865年，乔治·路威尔在波士顿设立广告公司，专门从事批发代理报刊广告版面的经营业务。路威尔四处拉广告，并将批发来的广告版面分销给广告主。1869年，美国艾尔父子广告公司在费城成立，这家公司具有现代广告公司的特征，其经营重点转向为客户服务，为客户向报社讨价还价，帮助客户设计广告版面，撰写广告文案。

在广告代理制发展过程中，通讯社占有重要位置。如法国的哈瓦斯社（即现在的法新社前身）在1857年与"通用广告会社"合并，向报社免费提供新闻以换取部分广告版面，然后卖给广告主。20世纪20年代，哈瓦斯社成为当时法国广告事业的最大控制者。日本也存在类似情况。1901年，日本的"电报通讯社"成立，1907年与"日本电报通讯社"（即"电通"）合并，经营新闻通讯业和广告代理业。1936年，"电通"的通讯社部分和报界"新闻联合社"合并，而"电通"从此以后专门从事广告事业。

1.2.3.3　现代科技应用于广告

19世纪20年代起，随着摄影技术的发明、印刷工艺的改进和套色印刷的出现，世界广告业又出现新面貌。1853年，美国纽约的《每日论坛报》第一次采用了照片为一家帽子店做广告。从此，摄影图片成为一种重要的广告表现手段。与此同时，英国报刊出现插图广告，使得广告图文并茂，形象生动。1891年，可口可乐公司开始使用挂历广告，这也是世界上最早的挂历广告。

19世纪末，套色的杂志广告、海报等相继诞生，报纸上也出现套色广告，如美国的《芝加哥民报》在1931年开始刊印美观的套色广告（图1-31）。日本的套色广告始于1886年的《日日新闻》。

在户外广告方面，灯光广告和霓虹灯广告开始出现。1882年，英国伦敦最早出现街头灯光广告。法国在1910年出现了世界最早的霓虹灯广告，当时是一个叫克劳特的人用充有氖气的霓虹管来做广告灯，色彩绚丽。此后，霓虹灯广告开始风靡世界各地。

图1-31　套色报纸广告

1945年8月15日《芝加哥每日论坛报》第二次世界大战结束日当日报纸，标题为"战争结束了！"

1.2.4 | 西方广告现代时期（1920年至今）

进入20世纪以后，科学技术飞速发展，社会经济空前繁荣。由于广播、电视、电影、卫星通信、计算机等技术的出现，广告业进入到现代电子广告时期。在世界范围内，广告传播媒介大大增加，表现形式不胜枚举，广告公司大量涌现，其经营规模不断扩大，形成大的跨国公司和跨国集团。各国对广告的管理趋于规范化和法制化，并设立了专门的广告管理机构。

广告理论研究越发深入，广告学科越发完善。这一时期，美国仍然是广告业中心，著名的纽约麦迪逊大道曾一度是美国广告业的象征（图1-32），它是许多大型的"4A"公司的发祥地，如奥美、智威·汤逊、麦肯、扬·罗必凯、达彼思等。第二次世界大战之后，日本现代广告业异军突起，一跃而成为世界广告大国之一。日本"电通"是全球大广告公司中综合实力最强的广告传播公司之一。此时期欧洲国家的广告事业也各具特色。从广告创意的角度看，英国在遵循传统的基础上注重创造性；法国注重美学和心理学的运用，以其突出的想象力和艺术性而著称于世。

图1-32　纽约麦迪逊大道

今天，纽约麦迪逊大道已经成为美国广告业的代名词

1.2.4.1 电子广告的问世和兴盛

广播和电视是 20 世纪上半叶人类两项重大的发明（图 1-33）。它们的出现标志着印刷传播与电子传播并驾齐驱时代的到来。无线电广播最早诞生于美国。1920 年 11 月 20 日，美国威斯汀豪斯公司在宾夕法尼亚匹兹堡市创办 KDKA 广播电台开始播音，这是世界上最早的正式广播电台。1922~1948 年间，即到美国电视正式开播之前，是美国广播广告的黄金时代。

电视的正式播出始于英国。1936 年 11 月，英国广播公司（BBC）在伦敦市郊亚历山大宫播出当时清晰度最高的电视，这是世界上最早的电视台。美国电视事业发展也较早，于 1920 年开始试验电视，1941 年正式开播商业电视。商业性的电视广告直至第二次世界大战后才发展起来，电视一跃成为最大的广告媒介。美国的电视事业大部分被三大广播公司所控制，这三大广播电视网完全依赖广告收入。英国除了 BBC 之外，还有一家商办的独立电视公司 ITA。BBC 不播广告，而是靠电视接收机执照费和收视费维持生计，对外广播经费由政府开支。而 ITA 的收入来源是广告。

就广播和电视的规模而言，日本仅次于美国。1926 年，日本成立了"日本放送协会"，即 NHK。NHK 是公共事业，不做广告，靠收听费和国家拨款维持运作。1950 年以后的日本广播法经过修订，除了对 NHK 特别保障之外，还开放了民营商业电台，允许做广告。

图 1-33　电视接收机

1939 年，标准电视接收机，只生产 50 台

1.2.4.2 广告手段的创新和广告媒介的多样化

进入 20 世纪，除了四大传媒之外，伴随科技的进步，新的广告媒介层出不穷，包括户外广告、购物点广告（POP）、邮递广告、空中广告等。这一时期霓虹灯广告成为最流行的户外广告之一。

各式各样的霓虹灯广告（立式、横式、静态、动态等）装点着一些国际大都市。路牌广告更加标准化、规格化，一些地方还矗立起了电子翻转牌。

第二次世界大战后还出现了空中广告，包括大型气球广告、飞艇广告等。

购物点广告（POP）也普遍流行，包括立牌、橱窗陈列布置和各种陈列广告。由于它直接与消费者见面，所以又称"直接广告""DM 广告"。此外，直邮广告和直递广告由于针对性强，也在一些国家被广泛采用。

进入 21 世纪，电子技术在广告中的应用越来越广泛，如电脑图文设计广告、电脑彩色喷绘广告等，其色彩鲜艳，形象逼真，具有很强的视觉冲击力，而且可以防日晒雨淋。

1.2.4.3 广告策略与广告理念的演进

激烈的竞争使得广告业在经营理念上有所突破，越发注重广告策略。广告在现代社会已不仅仅局限于促销商品和服务、塑造品牌形象的功能，而且已经成为企业与社会沟通的一种手段。因此，广告应突出对社会、对消费者负责的精神，增强自身的社会责任感。广告还应该在自己的宣传中突出人本思想，并且以温情化的广告打动人，以诚恳而低姿态的广告来完成产品的宣传。同时，广告更应该根据不同的民族心理和不同的文化背景选择和调整其广告诉求策略，力求本土化、个性化。

20世纪30年代被称为"购买原因"时代。这一时期的广告宣传以销售为目的。最具代表性的是乔恩·肯尼迪（John E. Kennedy）和阿尔博特·拉斯卡（Albert Lasker）提出的"广告是印刷出来的销售人员"的观念，广告表现强调理性诉求和情感诉求。到了20世纪40年代时，罗瑟·瑞夫斯（Rosser Reeves）提出了USP理论（Unique Selling Proposition），即"独特的销售主张"，它强调每则广告必须向消费者说一个主张，并承诺消费者从中可获取的利益，而且这个主张是独到的、竞争对手无法提供的，这种主张要打动消费者，就要通过足量的重复来吸引消费者。其最经典案例就是M&M巧克力豆的广告语"只溶在口，不溶在手"。

20世纪50~60年代出现了三位创意天才，即以万宝路香烟广告而名声大振的大器晚成者李奥·贝纳（Leo Burnett），他主张抓住产品内在的戏剧性并把它体现出来；广告界的"教皇"、奥美公司创立者大卫·奥格威（David Ogilvy），他提出品牌形象理论和品牌个性说；第三位是伯恩巴克（Bernbach），他强调广告是说服力的艺术。20世纪70年代莱斯和屈特提出"定位理论"（Positioning），广告发展进入定位时代。进入80年代，企业战略进行的企业形象识别系统CIS（Corporate Identity System）理论受到重视，它包括理念系统（MI）、行为系统（BI）和视觉系统（VI）三部分，目的是以企业独有的个性形象，获得内外部公众的认同。

90年代之后，在美国营销专家罗伯特·劳特博恩（Lauterbron）提出的4C理论（即消费者的欲望和需求Consumer wants and needs、成本Cost、便利Convenience、沟通Communication）的基础上，美国西北大学教授舒尔茨（Don E.Schultz）提出了整合IMC营销传播理论（Integrated Marketing Communication），这一理论颠覆了传统的广告策划活动及执行方式，表现了营销体系中的重心转移。舒尔茨用一句话来描述：由过去的"请消费者注意"变为"请注意消费者"。每一种广告理论都是适应当时当地的社会环境、经济环境和市场环境状况并在广告实践运作中总结出来的，它们都有各自的科学性和指导意义。对于我国的广告事业发展而言，要理智科学地分析我国当下的人文环境、市场环境和广告发展现状，更好地用适合我国广告情况的科学理论指导广告实践。

第 2 章
广告与广告创意

　　设计师在广告设计前期，如何从受众的相对精准的需求出发，把设计和受众需求进行整合，让设计发挥更好效果成为广告成功与否的关键。因此，创意在广告设计中的应用表现探究，不仅是为设计师提供一种参考准则，更是为好的广告设计提供了有效思路，同时也成为检验广告设计效果的一个借鉴。在大多数人的认知中，广告即创意。随着传播结构和机制的转变，受众接收信息的载体呈现多元化趋势。想要吸引受众持久关注并形成影响力，当代广告设计的传播更需要创意的精心设计和管理。当下受众接受的来自方方面面的信息多而冗杂，更容易导致注意力稀缺，在此基础上，更多地研究广告设计表现方法和创意新维度尤显重要。创意最大的效能在于以受众导向思维出发，破解设计和受众之间的信息不对称，吸引受众注意力，引发行为改变并建立一定的忠诚度。广告创意从受众心理层面出发来实现有效沟通，应用到广告设计中亦能创造出情感价值和营销价值，成为设计表达的重要方法。

2.1　什么是广告创意？

2.1.1　什么是创意？

从字面上来理解，创意就是创造新的想法，也就是提出好点子、好主意，它是一种创造性的思维活动。创意并不是仅在广告理论与实践活动中才存在的概念，它是多元的，可以说，在社会活动的各个领域里都存在着创意的问题。

被称为"美国广告之父"的广告人詹姆斯·韦伯·扬（James Webb Young）曾经提出："创意是把原来的许多旧要素作新的组合，进行新的组合的能力，实际上大部分是在于了解、把握旧要素相互竞争关系的本领。"也有人认为：创意属于一种灵感思维，是意识与潜意识相互转化的过程。创意的产生是在紧张思考、努力探索的基础上，由有关事物的触发而突然闪现出的一种顿悟。创意是高度紧张思维后，注意力转移的结果，是经长期思考后偶然得之的意念。

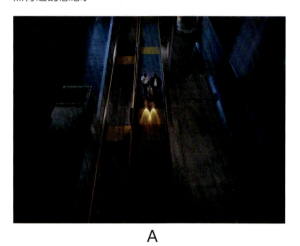　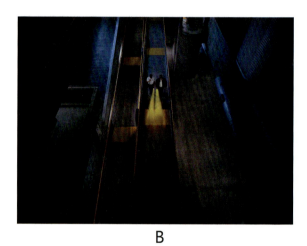

A　　　　　　　　　　　　　　　B

图2-1　创意对比

　请观察，图2-1中A、B两幅作品哪幅会更吸引你？哪幅更有"创意"呢？

　答案自然是A幅作品。

因为B幅作品是我们日常生活中所看到的太普通的场景，不会激起我们进一步观察和产生联想。而A幅作品就不同，它第一眼看上去好像是一幅普通的照片，可是，马上我们又发现了不同。不同之处就在于，其中有我们熟悉的元素。这个小小的意外，使我们更加留意A幅作品所产生的不同和变化，其中所传递的广告信息也随之被我们接受了，而且留下了深刻的印象。这就是广告创意的魅力所在。

概括而言，关于创意的含义，有两种观点：一种观点认为创意就是构思过程，是设计剧情、安排情节的过程，强调的是以写实化的意境来表达某种观念、思想；另一种观点认为创意是创新过程，是提出与众不同的活动方案、拟定出奇制胜的措施的思维过程，主要强调新颖问题，创意的结论往往是某种点子、主意。应该说，这两种观点都有其科学性。现代社会，创意已深入到社会生产生活的各个领域。文艺创作要求有创意；科学研究要求有创意；企业经营也要求有创意。创意既有构思的成分，又有创新的色彩，创意是创新与构思的结合体（图2-2）。

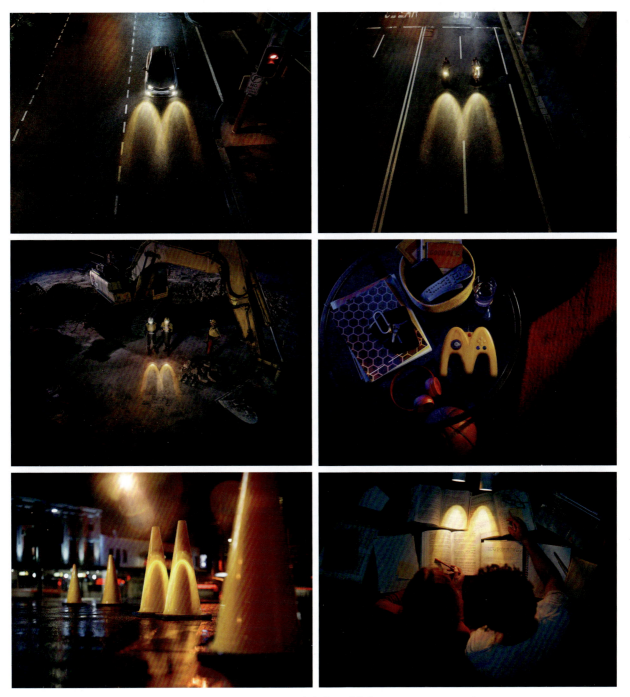

图2-2　麦当劳系列广告

2.1.2 | 广告与设计

"广告"按照大众传媒理论，从信息传播的角度来看具有如下特征。

其一，基本要素，又称为"显性要素"。显性要素通过信源、信息、媒体、通道、对象和反馈，扩大广告文化的氛围，强化广告的全面功能。

其二，"隐性要素"。它通过情感因素、心理因素、时空环境、文化背景、权威意识进一步拓宽广告文化的功能。如何体现广告的价值，如何将广告的价值更好地通过传媒进行体现，这是广告设计者需要解决的问题。

A

B

图2-3 广告设计对比

请观察，你认为图2-3中A、B两幅作品，哪幅更有设计感呢？

答 答案自然是B幅作品。

因为B幅作品中的主要文字"春风十里不如你"的字体进行了设计，让我们在视觉上感到了字体样式改变而带来的美感。字体柔美的线条变化，恰当地呼应了广告中女性的主题，使人看后感受到了广告的独特美感。

而A幅作品中的主题文字，采用的是普通的"黑体"字体，让人看后觉得缺少变化，整个画面也缺乏美感。

优秀的设计为广告带来视觉上的美感享受，为广告增添视觉亲和力。由此看来，仅有好的创意对于广告来说是不够的，好的创意加之优秀的设计，才是一幅广告成功的关键（图2-3）。

"设计",是有目的地进行有别于艺术的一种基于商业环境的、艺术性的创造活动,设计就是一种创造美感的造型艺术活动。

其一,设计一定是基于商业活动的,是建立在商业和人民大众基础之上的,是为广泛民众而服务,这是设计存在的根本目的。

其二,设计一定是被要求通过拥有艺术价值而增加商业价值的,这是设计存在的理由。

其三,设计一定是需要创造、创新与创意的,这既是现代商业活动规则的需要,又是设计自身内在的要求。

其四,广告设计是利用一切相对二维的平面空间,进行艺术性的设计,既有动态,又有静态,其目的是为了更好地进行人与人之间信息交互,是交互信息的二维片面化、风格化的一种独特的设计创造行为。

在今天,文化呈现多元化的时代,信息和思想高速发展的时代,大众对新生事物的接受度达到前所未有的高度,具有创造力和想象力的广告设计作品更能引发受众的共鸣,广告创意有了更辽阔的发展空间。

 请观察,图 2-4 中 A、B 两幅广告有什么不同么?哪幅广告更优秀呢?

你可能刚刚看到这两幅广告时,没有发现有什么明显不同的地方,只是图 2-4 中 A 幅广告的人物形象是成人,B 幅的人物形象是个孩子,好像就没有其他什么不同的地方了。

可是当你看懂广告的文字主题"Without Water You're Dead(如果没有水,人类将面临死亡)"的内容时,就会发现 A、B 两幅广告有很大的不同。图 2-4 A 幅广告的主体形象完全与广告主题不符,不知道这个棒球手在做什么。图 2-4 B 幅广告中,孩子惊恐的表情,恰恰是这一主题的直接反射,并且儿童形象非常具有亲和力。

由此看来,图 2-4 B 这幅广告更符合主题,更优秀。

设计一定是为特定主题而服务的,偏离或失去了广告主题,再优秀的设计也是苍白无力的,是不能引发受众共鸣的。

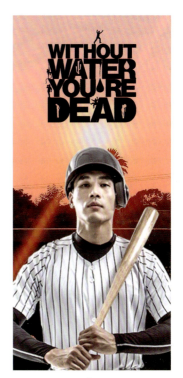

A

B

图 2-4 广告信息对比

2.1.3 | 广告与创意

创意是创造意识或创新意识的简称,它是指对现实存在事物的理解以及认知所衍生出的一种新的抽象思维和行为潜能。创意是一种通过创新思维意识,从而进一步挖掘和激活资源组合方式,进而提升资源价值的方法。创意是一个广告的灵魂。广告创意的实现是指作为一种构思的意念转化成具象物质的过程。

创意作为广告的核心价值,不仅可以提高产品的定位,还能够通过创意吸引到更多的目光,并进而产生消费倾向。广告创意的关键就在于紧密把握消费者的思维,创造更高的产品附加值。针对平面广告来说,创意一般是以文字与图形作为载体。创意是一个广告的灵魂所在,而传播则是广告的本质功能。詹姆斯·韦伯·扬是美国著名的广告专家之一,他认为创意从一定程度上来说其实就是组合,也就是将人性、商品以及消费者的各方各面综合地融汇在一起。这也就在极大程度上证明了,一个广告的成功与否,创意起着极大的决定性作用,而广告心理学的有效利用能够极大地提升广告创意的效果。

新技术催生新媒体,信息传播将更高速、精准和高效,信息科技将占据更高地位,人们求新求异的诉求将更强烈。随着新媒体的丰富和发展,传播机制呈现出更多元化、更细分化、更精准化的特点(图2-5)。对当代广告设计而言,已经形成以受众需求为中心的舆论环境。受众与设计师、受众之间的交流更加紧密。

图2-5 数码摄影辅助以后期的软件加工,得到有趣的人物形象

2.1.4 | 广告创意的表现方式

2.1.4.1 隐藏在头脑中的想法意念

"意念"指心头和头脑中的想法。在艺术创作中，意念是作品所要表达的思想和观点，是作品内容的核心。在广告创意和设计中，意念即广告主题，它是指广告为了达到某种特定目的而要说明的观念。它是无形的、观念性的东西，必须借助某一有形的东西才能表达出来。

任何艺术活动必须具备两个方面的要素：一是客观事物本身，是艺术表现的对象；二是用以表现客观事物的形象，它是艺术表现的手段。而将这两者有机地联系在一起的构思活动，就是创意。在艺术表现过程中，形象的选择是很重要的，因为它是传递客观事物信息的符号。一方面必须要比较确切地反映被表现事物的本质特征，另一方面又必须能为公众理解和接受。同时形象的新颖性也很重要。广告创意活动中，创作者也要力图寻找适当的艺术形象来表达广告主题意念。如果艺术形象选择不成功，就无法通过意念的传达去刺激、感染和说服消费者。符合广告创作者思想的可用以表现商品和劳务特征的客观形象，在其未用作特定表现形式时称为表象。表象一般应当是广告受众比较熟悉的，而且最好是已在现实生活中被普遍定义的，能激起某种共同联想的客观形象。如设计师白同异所设计的广告，选择最普通的事物形象作为画面主体视觉元素，经过创意整合和艺术加工处理形成了非常强烈、独特的视觉艺术效果（图2-6）。

 试着想一想，生活中还有哪些可以激起我们共同联想的客观现象。把他们稍加组合，就形成了我们头脑里的意念。把这个意念变为现实，就得到了广告创意。

图2-6 客观事物的共同联想产生了意念

2.1.4.2　客观世界在头脑中的反映——表象与意象

人们对客观事物进行直接接触后，便在头脑中形成了事物的"表象"。经过创作者的感受、情感体验和理解作用，渗透进主观情感、情绪，经过一定的联想、夸大、浓缩、扭曲和变形，便转化成了"意象"。"表象"一旦转化为"意象"便具有了特定的含义和主观色彩。"意象"对客观事物及创作者意念的反映程度是不同的，其所能引发的受众的感觉也会有差别。手是最普通、人们最熟悉的事物，我们作为表象观察手的时候发现不了什么，但是经过设计师独特的创意思维，渗透进创作者的感受、情感体验等因素上升为意象层面时，所展现的视觉效果就截然不同了。

A

 请观察图2-7中A、B两幅图片，哪幅更具有视觉冲击力，让人印象深刻呢？

B

图2-7　广告场景对比

 当然是A那幅图片。

一提到某个场景，我们的脑海里马上就会浮现这个场景的固定画面，这就是表象。人们往往习惯于表象，因为我们每天就生活在这样的环境之中（图2-7）。

但是如果作为广告的画面以我们日常熟悉的表象出现时，我们就会觉得平淡无奇，毫无生趣。这时，稍加夸张的意象画面是最好的解决方案。夸张人物的情绪与表情，会带来意想不到的效果（图2-8）。

图2-8　夸张的人物表情可以提升画面的意象表现

2.1.4.3　表象的情感化视觉表现意境

用"意象"反映客观事物的格调和程度即为"意境",也就是"意象"所能达到的最高情感境界。意境是文艺作品中描绘的生活图景与所表现的思想情感融为一体而形成的艺术境界。特点是景中有情,情中有景,情景交融。凡能感动欣赏者(读者或观众)的艺术,总是在反映对象"境"的同时,相应表现作者的"意",即作者能借形象表现心境,寓心境于形象之中。广义而言,意境包括作者和欣赏者两方面。前者由作者的审美观念和审美评价水平决定,有真与假、有与无、大与小、深与浅之别;后者因欣赏者的审美观念和审美评价不同而有大小和深浅之分。

"意境"和"意象"的区别在于:

① 它们所达到的层次和深度不同:意象指的是审美的广度,而意境指的是审美的深度;

② 意境是意象的升华;

③ 在中国文化中,意象属于艺术范畴,而意境指的是心灵时空的存在与运动,其范围广阔无涯,与中国人的整个哲学意识相联系。

"意境"是衡量艺术作品质量的重要指标。广告创意的根本任务是为广告提供具有最佳吸引力的美好意境(图2-9)。

图2-9　利用计算机图像合成技术制作的具有独特意境的画面

2.2 广告创意相关理论

2.2.1 | AIDA理论

AIDA理论也称"爱达"公式,是1898年美国第一任广告协会主席**埃尔默·刘易斯**提出的推销模式,也是西方推销学中一个重要的公式(图2-10)。该理论迅速在推销员和广告人中得以应用。这是**有史以来第一个带有理论性质的营销学方法论**。它的具体含义是指一个成功的推销员必须把顾客的注意力吸引或转变到产品上,使顾客对推销人员所推销的产品产生兴趣,这样顾客欲望也就随之产生,而后再促使其采取购买行为,达成交易(图2-11)。

AIDA理论重在说明广告如何对受众的潜在欲望进行诱导,并使其产生购买或接受的过程,即Attention(注意)、Interest(兴趣)、Desire(欲望)、Action(行动)。其中,注意和兴趣在网络媒体空前发达、信息量急速膨胀的今天更显得尤为重要。在目标受众的定位清晰的前提下,广告创意必须结合产品定位研究受众趣味的倾向,针对性地制定创意策略,因为广告投放策略越来越直接地和播出频次、播放时长相关联,还可以借助大数据向广告主提供精准定向的广告服务。因此,Attention(注意)和Interest(兴趣)成为广告效果中可量化的指标。

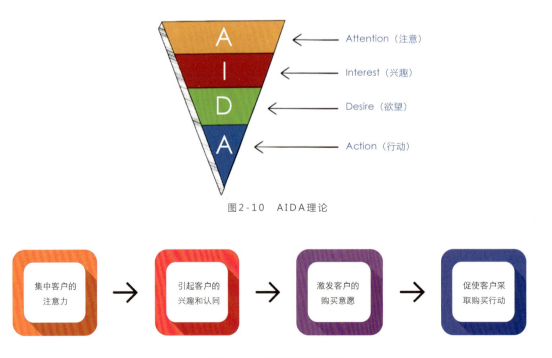

图2-10 AIDA理论

图2-11 AIDA销售模型图

2.2.2 | AIDMA模式

"AIDMA"模式是在AIDA理论基础之上发展而来的,是由美国广告人E.S.刘易斯提出的具有代表性的消费心理模式,它总结了消费者在购买商品前的心理过程。消费者先是注意商品及其广告,对那种商品感兴趣,并产生出一种需求,最后是记忆及采取购买行动。

AIDMA广告心理效应是指,广告作用于受众需要经历注意(Attention)、兴趣(Interest)、欲望(Desire)、记忆(Memory)、行动(Action)五个步骤(图2-12)。

AIDMA法则亦称"爱德玛"法则,法则要求广告设计师在创作广告文稿时,能够首先做到引起注意,然后激发消费者的兴趣,进一步刺激消费者的购买欲望,加强记忆,最后促成消费者的购买行为。

广告信息的有效传播,前提是需要广告信息能够准确到达,即引起受众的兴趣。然而现在很多消费者对于广告具有强烈的排斥心理,无论是电视、广播等传统的广告形式,还是手机、网络等新媒体广告,受众对于广告信息的出现形式已经十分熟悉,在广告到达前便能够产生心理预设,从而拒绝广告信息的接收。

在广告行业,AIDMA法则经常被用来解释消费心理过程。

营销行业的人运用它是为了准确了解消费者的心理和行为,制订有效的营销策略,提高成交率。

广告行业的人用它是为了创作实效的广告。实效的广告简单地说就是可以促进销售的广告,它对销售量增长是有效的。

实效的广告对消费者经历的心理历程和消费决策,将产生影响力和诱导的作用。也就是在"引起注意→产生兴趣→培养欲望→形成记忆→促成行动"的五个环节,实效广告的信息会一直影响消费者的思考和行为。

因此,在广告创作的时候,**不是单纯地在进行一种设计艺术的创作**,而是一种**为了实现商业目标的创作**。对照AIDMA法则,思考一下自己创作的广告,是不是在这五个环节走到最后还能发挥影响力?还是只做到了让消费者引起注意?但不能让消费者产生兴趣。如果在第二个环节就对消费者没有任何影响力,那么广告可以说是无效的。

图2-12 AIDMA法则

2.2.3 | USP理论

USP是"U"独特的（Unique）、"S"销售（Selling）、"P"主张（Proposition）的缩写，意为"独特的销售主张"。USP理论在20世纪50年代里被美国广告大师罗瑟·瑞夫斯根据达比德广告公司多年的实践经验结合广告运作客观规律系统而科学地提出。这一理论从诞生起就成为广告理论的主流。一个恰到好处的USP理论通过广告创意表现给消费市场，有助于帮助企业增加市场份额和拓展知名度。

USP理论在广告创意中表现为以下四方面。

（1）强化产品概念和价值

寻找卖点要想从产品概念和价值入手，就必须事先将产品概念做剖析，直到分清产品核心的三个层级，从而寻找出产品的卖点。现在的产品除了有形实物，也附赠了附加价值即无形服务和其他因素。产品核心层是产品给消费者带来的实际利益和基本功效，也是第一层。有形产品层为产品第二层级，是产品这一实际的物体和外观等，包括产品的外观、品牌、价格、颜色、种类和特色等。除了一二层级提供的所有利益以外的利益统称为第三层级——产品延伸层，包括售后服务、安装、维修等各种无形服务。例如空调，第一层级就是为消费者提供所需的温度，第二层级为品牌、价格等，第三层级就是售后等无形服务。产品的USP可以从这三个层次去探索。

（2）挖掘产品的价值时可以深入挖掘产品的使用价值和社会价值

从使用价值寻找卖点可以从以下方面入手。例如，在康师傅红烧牛肉面的广告画面中以大块多汁的牛肉粒、嫩绿的葱花、浓香的酱料和热腾腾的汤为主要视觉要素，产品的感官信息非常丰富。丰富多彩的画面给观众味蕾和感官冲击，从而产生消费冲动。产品的社会价值指的是产品给生产者以及使用者带来的社会影响力，以产品和品牌个性为广告的主要展现手段。

（3）强调标新异性

达到标新立异效果就是找出产品与众不同的独特属性，即找出自己同类产品中没有的特质，或者说别的同类产品中忽略的。有几个方面可以使广告创意表现做到与众不同，让USP理论在广告创意表现中更加出彩。从产品的角度出发，让其具有独特性，通过广告创意表现突出自己产品具备的与众不同的特点。例如，强生婴儿洗发水在广告诉求中强调的就是无泪的配方。从广告创意出发，使主题别致，即以反叛、打破世俗的枷锁、跳出常规的思维为主题。从媒介入手，创新媒介，增加媒介新选择。舍弃传统与大众媒介的单一表现形式，开发一种新媒介或者表现形式，给予消费者耳目一新的感觉，达到产生吸引力的效果。

（4）瞄准目标受众

开展心理攻势强调的是从目标消费群体的角度去思考问题，因此，产品卖点的提出、媒介的选择等诸多因素都要获得目标受众的肯定与赞同。这点决定了广告主题、广告诉求重点、产品的USP及广告创意表现应该遵循目标受众的需要、目标受众的生活方式等因素。同时，广告表现也受到目标受众群体的习俗、社会关系、规范和社会文化等要素的制约。

2.2.4 ROI理论

ROI创意理论是由20世纪60年代的广告大师威廉·伯恩巴克首先提出。伯恩巴克是著名广告公司DDB的创始人之一，该理论是他根据自己在DDB广告公司的创作经历总结出来的。

"R"意为"关联性"，是英文"Relevance"的缩写。其一，广告创意必须与产品本身相联系，与产品脱节的广告创意就失去了存在价值。其二，广告创意必须与消费者相联系，找准消费者的痛点、痒点，让消费者对广告中展现的产品诉求产生共鸣。其三，广告创意要与竞争者产生联系，任何产品都不能在该品类中成为唯一，所以对广告创意来说，需要综合考量同类竞争者的定位，通过差异化来确定自身的USP（Unique Selling Proposition，独特的销售主张）。

"O"意为"原创性"，是英文"Originality"的缩写。原创是广告的生命，只有原创才能保证广告的新鲜度。这种原创性可以表现为反传统的角色、反传统的观念、反传统的表现，甚至包括一切新旧元素的组合。而创意理论之一的USP理论其实所强调的就是原创性，即产品需要有自己的独特卖点。

"I"意为"冲击性"，是英文单词"Impact"的缩写。广告带有冲击性，目的是引起消费者的注意力，并对消费者产生影响。冲击力是产生传播效果的关键。

ROI创意理论虽然提出于大众传播时代，但是在新媒体环境中仍具一定的价值。首先，ROI创意理论强调关联性，并提出关联体的概念。任何产品都有自己的特性，而借助大家熟知的关联体，可以更好地将该特性有效地阐释和传达。其次，新媒体时代是一个高度透明的时代，同时也是一个容易高度效仿的时代，只有坚持原创性才能不触碰广告的伦理与法规。最后，由于新媒体时代是一个眼球经济时代，在有限的时间内迅速吸引消费者的注意力，并成功实现购买十分重要，而这就需要广告内容在原创性的基础上具备冲击性，在媒介的广告有限效度内对潜在消费者产生影响。

达到ROI必须具体明确地解决以下五个问题（图2-13）：

① 广告的目的是什么？
② 广告做给谁看？
③ 有什么竞争利益点可以做广告承诺？有什么支撑点？
④ 品牌有什么独特的个性？
⑤ 选择什么媒体是合适的？受众的突破口或切入点在哪里？

图2-13　ROI理论模型图

2.2.4.1 关联性——思考角度的变化

（1）关联附加意义

新媒体时代的关联性出现了意义的附加。随着社会的发展，根据马斯洛的需求层次理论，人们的基本需求已经得到满足，更多的人开始追求精神层次的享受，因此产品符号意义的作用开始凸显。在这样的现实需求下，广告需要为产品增加其意义内涵。广告符号学家威廉森曾说，人们通过他们消费的东西而被辨认。因此，消费自身成为一种符号，成为社会分层的标志。

（2）关联社会热点

与传统传播环境不同，互联网的出现让媒介具备了及时性的特点，通过"两微一端"（微博、微信及新闻客户端）等新媒体的方式，营销可以不再受到时间与空间的限制。因此，借助社会热点进行营销成为关联性所需要强调的重点。在社交平台上，产品可以随时根据热点更新自己的宣传内容，并通过转发而快速扩大影响力。

2.2.4.2 原创性——创意触角的延伸

传统的 ROI 创意理论所强调的原创是针对广告创意内容的原创，但在新媒体时代原创则具有更丰富的外延。

（1）原创互动创意

新媒体时代是一个互动传播的时代，让广告成功地与受众互动，再由已接收的受众主动扮演二次传播者，让营销成为现象级的话题并使产品价值转化率最大化是互动的最终目的。随着广告这一内涵的丰富，这种互动可以在线上与线下多种渠道得以体现。

（2）原创载体创意

营销的发展从根本上说是基于技术的进步，数字化的发展让广告可以基于一定媒介呈现多样化的传播方式。例如，基于网络平台的乐高 H5 互动广告（图 2-14）、基于虚拟现实的 VR 广告。当然这种载体创意并非一定带有数字化的色彩，在现实生活中我们周围一切习以为常的东西都可以通过创意思维成为载体。

图2-14 乐高H5互动广告——超级英雄

2.2.4.3 冲击性——加强受众的感官体验

在互动成为常态的新媒体时代，ROI 创意理论的冲击性应该有更强的体验。互动性的缺失是 ROI 创意理论在新媒体环境中的局限，而技术的发展已经让互动不再是传统意义上语言与文字的互动，而是更多地强调体验的互动，让受众参与到广告当中（图 2-15），通过互动的冲击性来引导二次传播。因此，ROI 创意理论的冲击性不应单指广告所带来的视觉与听觉的效果，更应该强调体验的冲击性。

任何广告创意理论的诞生都具有其时代意义，但由于传播环境和营销要求的改变，创意理论自身也会存在时代局限性。ROI 创意理论只有不断结合变化的环境深化解读其关联性、原创性和冲击性，才能继续延续经典并提高其价值。

图 2-15　以互联网为创作元素的麦当劳广告设计

2.2.5 | "3B" 理论

在进行每一个商业广告设计的过程中，必须随着社会的发展、人们审美的改变，站在消费者的角度，思考消费者的所需、所求，做消费者内心的那把横尺，以消费者为主体，为消费者而设计，在广告设计中有创造力地表达出品牌的销售信息。广告创意由广告诉求和广告表现两大部分组成，基于此，奥格威提出了广告设计中的"3B"原则，并成为一项屡试不爽的黄金法则。

所谓"3B"原则，即"Beauty"美女、"Beast"动物、"Baby"婴儿，是以广告创意为切入点而提出来的。无论是性感美女、可爱的动物还是纯真的婴儿，都是其中的视觉元素，利用它们来吸引受众的关注，也就是进行眼球争夺战，使人们在悄然中熟知了广告商品，让广告产生连带审美效应，以此达到产品促销的目的（图2-16）。

图2-16　以女性为视觉形象的广告

2.2.6 | "KISS" 原则

这里的KISS是英文"Keep It Simple and Stupid"的缩写,意思是"保持简单和愚蠢",其中"愚蠢"不是"傻",它还有"迟钝""不敏感""乏味""无价值"等综合含义。

"KISS"原则主要是告诉广告设计师,广告创意必须简单明了、纯真质朴、切中主题,才能使人过目不忘,印象深刻。

广告大师伯恩·巴克认为:"在创意的表现上光是求新求变化、与众不同并不够。"杰出的广告既不是夸大,也不是虚饰,而是要竭尽你的智慧使广告信息单纯化、清晰化、戏剧化,使它在消费者脑海里留下深刻而难以磨灭的记忆(图2-17)。如果过于追求创意表现的情节化,必然使广告信息模糊不清,令人不知所云。

图2-17 番茄酱广告

2.3 广告创意的价值诉求

2.3.1 | 创造情感价值

情感具有强大的影响力,能够激发人们的行为动机,在人际沟通中占据重要地位。广告设计要引发受众的购买行为,首先要使受众产生信任感,而后关心在乎,情感联系由此建立。广告创意应用于广告设计中的情感价值在于通过契合受众原有情感或诉求建立情感联系,达到信息传递或实现购买行为的目的。

知识经济发展使受众能够更自主地进行信息筛选。另外,受众意识形态的转变使其更容易沉溺于广告设计带来的情感体验。好的广告设计的内容往往比形式上表现出来的更丰富,更包含着一种情绪和态度。情感维系比让人眼前一亮的形式更能建立起持续的忠诚度。广告创意从人们对关乎自身的事情更感兴趣的角度出发,通过受众自身的情感,与其建立"同理心",诉诸受众自身利益,挖掘其更深层次的情感缺口并加以恰当引导,引发强烈共鸣。牢固的情感联系得以建立(图2-18)。

 头痛 →  紧箍咒

情感价值在于可以直接在受众心理层面建立起对产品的偏好,引发购买冲动或者行为改变,提高忠诚度;有利于受众产生持久记忆,提高品牌的情感附加值。当下受众注意力成为稀缺资源,情感价值作为一种附加价值甚至超越产品自身有用性。

图2-18 镇痛药广告

2.3.2 | 实现营销价值

当前激烈的市场竞争使受众有限的注意力逐渐成为真正的稀缺资源，一定程度上改变了传统的商业关系，市场价值分配也随之发生变化。商家要竞相尽可能吸引受众注意力，培养潜在消费市场并尽可能大的占领市场。人们对广告表现和营销活动的认知更有自主性，传统营销活动和千篇一律的广告表现形式很难引发持续消费行为。广告设计把信息投放到受众的意识中，引起注意并思考是否采取行为（图2-19）。

如果受众只是关注了信息，却并不思考是否作出行为改变，吸引注意力便不成功。人们总是对变化的、新奇的事物感兴趣。打破人们原有的认知结构，以新的创意和营销手段，刺激受众观念意识形态，建立牢固的情感联系，进而激发购买热情，创意便通过这种形式为当代广告设计提供一种思路和考量。

受众群体的分化导致同一群体内部对广告设计的解读和接受程度趋于相互排斥；而不同文化、生活、环境背景下的受众基于不同的认知基础，对不同的表现形式也有不同的理解和接受程度。广告创意的根本目的在于寻找到一种可以被近乎所有人能够接受的"世界图形语言"，实现广告的营销价值。

 音乐   震撼的效果

创意正是从受众意识形态出发，打破常规，吸引受众对广告表现形式的关注并思考，产生持久记忆，引发购买行为。能够满足受众需求、引起受众注意的广告，必然带来良好的传播效果。因为"注意"能够引发购买行为的决定，创意则能够产生相应的营销价值。

图2-19 音响广告

2.4 广告创意模型

2.4.1 意象型广告创意说服模型

意象型广告主要是通过画面将商品所蕴含的个性、品位及可给予消费者的心理补偿——展现，达到间接诱导消费行为的目的。

2.4.1.1 原创性——经典条件化说服模型

经典条件反射实验体现了最简单的学习过程，当两起事件同时发生时，人们常会下意识地将两起事件联系起来。

经典条件化说服模型广告的作用原理主要是通过画面与商品图像的同时刺激，由画面引发消费者即时性的态度反应，并不自觉地把商品图像和即时性反应相互联系，经过反复刺激后，形成对商品的特定态度。

A　　　　　B
图2-20　广告事件对比

请观察图2-20中A、B两幅图片，哪幅图片中的宠物狗让你感到了与某个事件具有联系呢？

当然是B幅图片。

图2-20B幅照片中的宠物狗雪纳瑞，满身打满了泡沫，马上就要冲洗的样子，而且宠物狗也表现出十分舒适和满意的样子。这时，人们马上会与特定的商品在心里产生联系。如果您家里也养了类似的宠物，如果您也在为宠物清洗的事情而烦恼的话，那么您一定会留意这幅广告中的商品信息。

这就是说当两起事件同时发生时，人们经常会下意识地将两起事件联系起来，这时，广告就开始发挥作用了（图2-21）。

图 2-21　宠物洗浴液广告

2.4.1.2　压力的化解——自我防御机制说服模型

自我防御机制是指当人类的欲望和需求不能实现时，为了消除压抑、紧张等不愉快的感觉，往往会采取歪曲事实等非正常的方法来进行自我保护。而在运用自我防御机制说服模型的广告中，主要使用的是压抑和认同两种自我防御方法。

例如，当看到广告中美丽或性感的女性时，男女受众就会产生或渴望接触或追求美貌的欲望，这时受众会一方面对欲望进行压制以减轻心理的紧张感，另一方面可以通过购买广告中的商品来实现"我也可以吸引模特那样的异性"或"我也可以和模特一样美丽"的愿望，从而获得心理上的慰藉。自我防御机制说服模型常见于化妆品、香水、汽车等奢侈品广告中，因为奢侈品注重的往往不是实用性，而是个性或自我的表现，能够诱发人类潜意识世界中的本能性冲动（图 2-22）。

A　　　　　　　　　　　　　　　　　　B

图 2-22　广告的自我防御机制对比

？ 请观察图 2-22 中 A、B 两幅图片，哪幅广告会让你对商品产生更高的好感度呢？

答 当然是 B 幅广告。

自我防御机制说服模型和经典条件化说服模型都是通过图像刺激来诱导消费者产生感性反应，因此二者有众多相似之处，实际广告中也常有同时使用的情况。但自我防御机制模型的刺激主要是来自消费者对广告模特的欲望，通过消费商品获得心理上的虚拟满足感；而经典条件化模型则是通过风景画或表情等多样化的刺激，展示消费后可以得到的较为现实的补偿（图 2-23）。

图2-23　保时捷"卡宴"汽车广告

2.4.2 | 商品情报型广告创意说服模型

与间接地传达商品消费后的补偿或象征价值的意象型广告不同，商品情报型广告则是立足于商品自身的属性，运用商品的功效或使用价值来达到说服消费者的目的。

2.4.2.1 信源的强大作用——信息学习说服模型

信息学习说服法最早由美国心理学派"耶鲁学派"提出。耶鲁学派指出，影响传播效果的因素主要在于信源和信息方面。信息学习说服模型创意广告中，主要运用信源的可信度和信息中的隐喻展现商品的功效或特点，通过理性诉求达到说服消费者的目的（图2-24）。

广告中影响信源可信度的因素主要有两种：

一是立足于商品自身优秀性和可信度的广告。例如"老字号""驰名商标"等广告标语。

另外一种是通过广告模特的公信度来增加信息的可信性。此外，信息的难易度也是影响说服效果的一大因素。如果信息过于直白，难以吸引受众的注意力，说服效果自然也就大打折扣。

隐喻 不仅可以带来视觉和感觉方面的愉悦性，还可以将本体（商品）和喻体（比喻对象）的特性相融合，为商品加入新的意义（图2-25）。

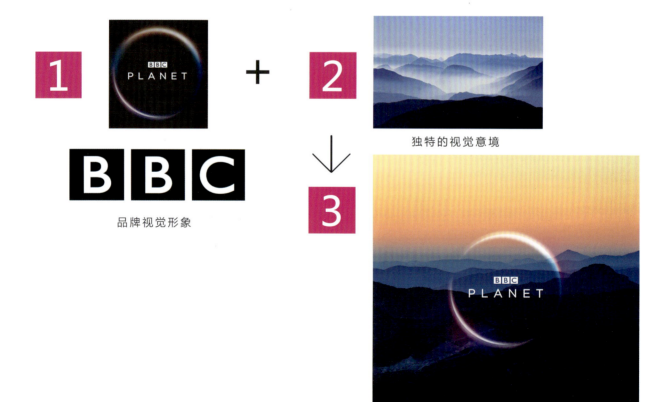

图2-24 可信度说服性广告

图2-25 BBC PLANET

2.4.2.2 对象态度的转变——观点可变说服模型

观点可变说服模型最早是由阿普肖（Upshaw）和奥斯特罗姆（Ostrom）根据对比效应和同化效应首先提出的。观点可变理论指的是，在态度形成的过程中，由于参照物或标准的变化，使态度发生改变的现象。即，面对同一事物，不同的视角就会产生不同的观点。霍夫兰德于1959年提出了一个标准的说服模型，他把说服看作是信息交流的过程，说服是引起人的态度改变的有效途径，即通过给予一定诉求，引导接受者的态度和行为趋向于劝说者的预定方向。霍夫兰德提出的说服模型着重分析了影响态度改变的四个关键因素——沟通者、沟通信息、接受者及沟通情境。

（1）沟通者——信息源

沟通者是最主要的信息源。沟通者的专业性、权威性、可靠性、吸引力等因素都会影响态度改变的效果。

（2）沟通信息

在沟通过程中，信息的安排与选择、信息的情绪特征（恐惧唤起）、信息的单方面呈现或双方面呈现、信息传递途径等都会影响说服效果。

（3）接受者——目标对象

被说服者身上的某些特征会影响说服的效果：一是被说服者的人格，二是被说服者的心境。此外，被说服者的卷入程度、对信息的排斥程度以及认知需求、自我监控性和年龄等个体差异也都会以某种方式影响说服的效果。

（4）沟通情境

说服过程是在一定的背景条件下和特定的情境中进行的。这些背景或情境因素，对说服效果也有着重要的影响。

在霍夫兰德的说服模型中，说服者、说服对象、说服信息和说服情境构成态度改变所关联的四个基本要素，即发生在接受者身上的态度改变，要涉及传递者、沟通信息、接受者和情境四方面的因素。其中沟通信息是态度转变的直接原因，说服者、说服信息和说服情境构成了态度改变的外部刺激，亦即构成了说服对象的态度对象。霍夫兰德的说服模型指出，说服有态度改变和态度未变两种后果，而说服对象态度的改变与否与说服对象态度中的情感成分密切相关。

请观察图2-26和图2-27，这两个品牌汽车的广告，你认为那个更有说服力呢？

其实，从广告的画面和创意来讲，这两个品牌汽车的广告都非常优秀。只是，斯柯达汽车的广告显得过于保守，广告创意基本还是以汽车的服务、性能、售后保障等方式进行广告宣传。

但是，奔驰汽车的广告就略显不同了。广告画面中并没有直接宣传奔驰汽车的一般信息，而是采取了夸张、对比的创意手段，突出汽车的速度与强劲的性能，让观者过目不忘，从而也更加具有说服力（图2-26、图2-27）。

霍夫兰德运用观点可变模型的广告主要是通过对比或同化手法，展现目的商品与同类商品的区别，依此来吸引消费者并加深其对目的商品的印象。如强调经济实用的汽车广告，可以避开价格低、保养修理费便宜等常见通用的角度，重点宣传其他汽车所不具备的发动机新工艺，使得消费者对经济实用型汽车的定义本身产生新的态度转变。

说服模型还阐述了态度转变的发展阶段，从行为改变巩固了新态度，终使新态度固化为信念，更持久地影响行为。

图2-26　斯柯达汽车广告

图2-27　奔驰汽车广告

2.4.2.3 现象与结果——归因说服模型

归因理论最早是由美国心理学家海德提出的。所谓归因，是指通过现象或结果解析原因的过程。人类不仅仅善于推理他人行为发生的原因，还喜欢为自身的行为结果寻找理由或解释。

常见的归因模型包括以下几类。

（1）末次触点归因

在这个模型中，所有的功劳都归到客户在转换之前的最后一个接触点。这种一触即发的模式可能没有考虑到用户与公司在最后一次接触之前的营销努力以及之前的任何其他约定。

（2）首次触点归因

这个模式具有"第一点击属性"，它将 100% 的功劳归于用户在转换过程中采取的第一个行动。它忽略了客户在转换之前可能与其他营销活动有过的任何后续约定。

（3）线性归因

多点触控属性模型对用户路径上的每个触点都给予相同的评价。线性归因分析主要解决的问题是广告效果的产生，及广告效果产生的动因应该如何合理地分配给哪些渠道。

（4）时间衰减归因

这个模型给出了更接近转换时间点的接触点，比更早时间点的接触点有更多的价值。就是说，事件发生的时间越近，接触点获得的价值也就越多。

（5）U 型归因

第一次和最后一次接触得到最多的分数，其余的分数平均分配给两次接触之间的接触点。

（6）算法或数据驱动的归因

当通过算法处理归属时，它使用机器学习来分析每个接触点，并根据该数据创建归因模型。

（7）自定义归因

顾名思义，使用自定义选项，你可以创建自己的归因模型，该模型使用你自己的一组规则为转化路径上的接触点分配价值。

A

B

STOP
EXTING
TION

（停止灭绝性杀戮）

图 2-28　广告归因说服模型对比

请观察图2-28中A、B两幅图片,你先注意到了形象,还是先注意到了文字呢?

 我们一定被文字的图形所吸引。因为这个类似我们习以为常的熊猫形象,看上去又是那么不同寻常。在意外和好奇心的驱使下,观者一定会去认真地观看,发现究竟是哪里发生了变化。当通过文字符号所传达特定信息过程结束后,广告的主题也清晰地传递给了受众。

我们时常可以见到某些广告先用令人好奇的文字吸引人的注意力,使其主动地阅读附在下方的详细小字说明,而这些说明恰恰就是商品属性或功能特点的相关信息(图2-28)。

此类广告就是运用归因说服模型的广告范例。归因说服模型广告最大的特点就是把相当于"结论"的文字设计在广告最显眼的标题位置,而与之相对应的"原因"说明正文则多而详细(图2-29)。

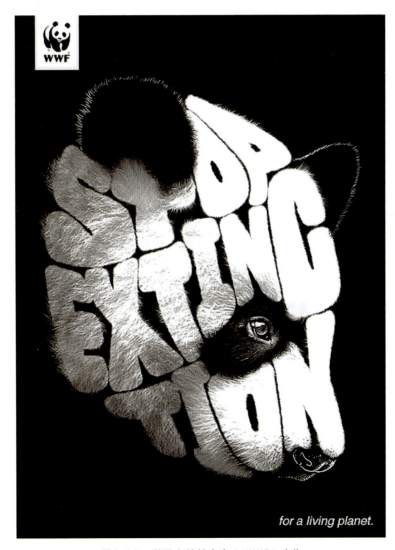

图2-29 世界自然基金会(WWF)广告

第 3 章
广告创意思维方式与方法

系统的创意能力由动机、创意思维技能和专业技能构成，其知识框架涵盖创意技能学习（技术）、创意思维导入（模式）、创意思想激荡（途径）和创意成果管理（系统）。团队作业是培养创意力、营造创意生成氛围的重要途径，创意团队的真正竞争优势，在于每个成员的不同背景和技能，在于开放的创意心态，每个成员都有担任领导的时间，也有被别人领导的时间，在每次互动中调整、吸收彼此的知识。与此同时，创意人要敢于走出舒适区，挑战自己的学习能力，离开舒适区才有可能在专业领域大放异彩。

3.1 广告创意思维方式

思维是人脑通过感知对客观事物的规律与属性所产生的概括和反映，是一种感觉、知觉、思想、记忆、情绪等一系列因素所影响的心理活动，是在长期的感官体验与经验积累下所形成的思考模式。创意思维是一种指导创意方法的思考模式，是创意方法的基础与铺垫，渗透在具体的创意方法当中。

广告创意思维是一个"提出问题→ 解决问题→ 反馈问题"不断反复的过程。创意思维贯穿于设计进程的每一个阶段。广告创意思维方法旨在广告设计过程中把受众和问题紧紧结合，围绕用户的需求及设计作品如何在市场上发挥持续性效应两个方面，运用系统思维找到广告设计过程中的最佳平衡点，把上下游产业链整合在一起。创意的设计思维的核心价值是从受众出发，围绕受众自身认知、心理、情感等层面的特点和需求，通过一系列的设计流程，转变为问题的解决方法。所谓"问题"是指设计各要素交织在一起时，所产生的关系或矛盾。创意思维过程就是协调统一"问题"的过程。

3.1.1 物化思维

物化思维，又称艺术思维，即运用对象的物化形象所进行的思维活动。物化思维是以物体直观形象和表象为支柱的思维过程。例如，作家塑造一个典型的文学人物形象，画家创作一幅图画，都要在头脑里先构思出这个人物或这幅图画的画面，这种构思的过程一般是以人或物的形象为素材的。

在产品设计、生产、营销中都会涉及物化思维，作为集合科学、艺术、文化于一体的广告创意，更离不开物化思维。在广告创意中运用形象思维进行创意，可以强化产品定位，帮助构思广告内容、安排广告形式，还可以宣传企业的整体形象。

物化思维有以下基本特点。

（1）形象性

形象性是物化思维最基本的特点。物化思维所反映的对象是事物的形象，思维形式是意象、直感、想象等形象性的观念，其表达的工具和手段是能为感官所感知的图形、图像、图式和形象性的符号。形象思维的形象性使它具有生动性、直观性和整体性的优点。

（2）非逻辑性

物化思维不像抽象（逻辑）思维那样，对信息的加工一步一步首尾相接地、线性地进行，而是可以调用许多形象性材料，一下子合在一起形成新的形象，或由一个形象跳跃到另一个形象。它对信息的加工过程不是系列加工，而是平行加工，是面性的或立体性的。它可以使思维主体迅速从整体上把握住问题。物化思维是或然性或似真性的思维，思维的结果有待于逻辑的证明或实践的检验。

（3）粗略性

物化思维对问题的反映是粗线条的，对问题的把握是大体上的，对问题的分析是定性的或半定量的。因此，物化思维通常用于问题的定性分析。抽象思维可以给出精确的数量关系。在实际的思维活动中，往往需要将抽象思维与物化的具象思维巧妙结合，协同使用。

（4）想象性

想象是思维主体运用已有的形象形成新形象的过程。物化思维并不满足于对已有形象的机械重现，它更致力于追求对已有形象的加工，而获得新形象产品的输出。因此，想象性使物化思维具有创造性的优点。这也说明了一个道理：富有创造力的人通常都具有极强的想象力。

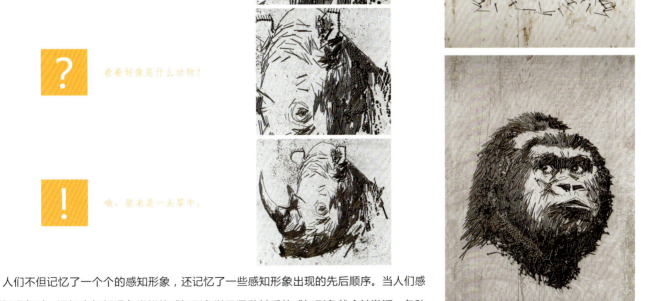

人们不但记忆了一个个的感知形象，还记忆了一些感知形象出现的先后顺序。当人们感知到新现象时，记忆中与新现象类似的感知形象以及紧随其后的感知形象就会被激活，各种感知形象就会在人们的头脑中变幻。这种感知形象在头脑中的变幻就能引起人们的行为（图3-1）。例如，当我们在路途中看见一个类似狗的外形时，我们记忆中的与狗形象类似的视觉形象就会被激活。在广告创意中，具有某些特定形象的图形特别能引起人们的共鸣。

图3-1　物化思维方式下，人们会把看到的元素与记忆的视觉元素组合

3.1.2 | 逻辑思维

逻辑思维是指将思维内容联结、组织在一起的方式或形式。思维是以概念、范畴为工具去反映认识对象的。这些概念和范畴是以某种框架形式存在于人的大脑之中，即**思维结构**。这些框架能够把不同的范畴、概念组织在一起，从而形成一个相对完整的思想，加以理解和掌握，达到认识的目的。因此，思维结构既是人的一种**认知结构**，又是人运用范畴、概念去把握客体的**能力结构**。

逻辑思维是人们在认识过程中借助于概念、判断、推理反映现实的过程。对于理性的消费者来讲，他们绝对不会无缘无故地购买自己并不需要的东西，广告策划人必须给他们一个充足的理由才行。

逻辑思维的主要内容包括：**主体**、**定义**、**分类**、**关系**和**顺序**。

"主体"明确了以"谁"为主和以谁为辅；
"定义"明确了什么是主体；
"分类"明确了按不同分类规则划分的类别；
"关系"明确的主体与客体的关系及主体不同类别间的关系，包括相关关系、包含关系、属种关系、所属关系等；
"顺序"明确了各过程进行的先后顺序（图3-2）。

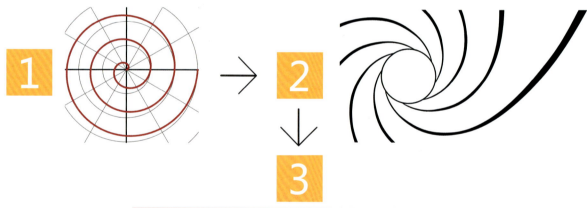

图3-2 通过数学计算得出广告画面网格

图3-3 逻辑思维下,人们会把杂乱无序的视觉元素,进行科学、合理的分布、组合

逻辑思维是人们在认识过程中借助于概念、判断、推理反映现实的过程。它与形象思维不同,是用科学的抽象概念、范畴揭示事物的本质,表达认识现实的结果。

逻辑思维是分析性的,按部就班。做逻辑思维时,每一步必须准确无误,否则无法得出正确的结论。我们所说的逻辑思维主要指遵循传统形式逻辑规则的思维方式,常被称为"抽象思维"或"闭上眼睛的思维"。

逻辑思维是人脑的一种理性活动。思维主体把感性认识阶段获得的对于事物认识的信息材料抽象成概念,运用概念进行判断,并按一定逻辑关系进行推理,从而产生新的认识。逻辑思维具有规范、严密、确定和可重复的特点(图3-3)。

3.1.3 | 情感思维

情感是指人的喜怒哀乐等心理表现。广告作为一种信息传递工具,其中一项重要的功能是"传情达意",即对人与人、人与物、人与大自然之间美好感情的表达。

情感思维是**以情感记忆为前提**,并且以情感 - 信号系统为材料的思维活动方式。情感的基本形式以及它们所具有的各种"色彩和变化"的形式(诸如欢、悲、乐、哀、喜、恶、爱、恨等),是情感思维的"细胞"单位(图3-4)。

在广告创意中,首先要在生活中**捕捉情感,收集情感**,然后对情感原材料进行分析选择,通过**体验、酝酿**,在激情勃发、难以自抑的创作阶段中,把合乎生活逻辑、情感逻辑的不同色彩变化的情感,灌注、凝集到艺术形象上。

图3-4　不同的情感引起不同的心理共鸣

广告创意中的情感思维,就是研究广告如何发现、发掘、沟通人们潜在的情感,引起人们的心理共鸣,以达到吸引观者注意、促进商品销售的目的(图3-5、图3-6)。

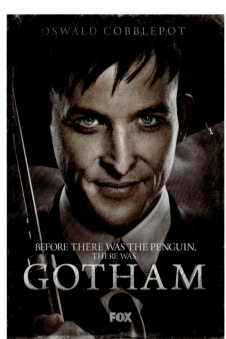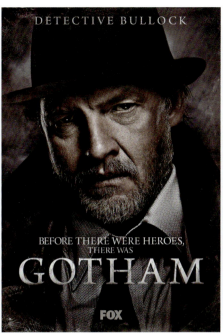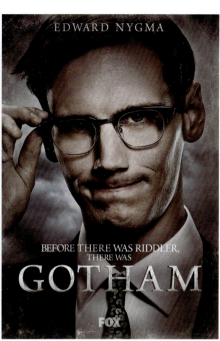

图3-5 丰富的情感带来了广告感官效果的多样性

图3-6 丰富的情感给观者带来了亲切感

3.1.4 | 直觉思维

直觉思维，是指对一个问题未经逐步分析，仅依据内因的感知迅速地对问题答案作出判断、猜想、设想，或者在对疑难百思不得其解之中，突然对问题有"**灵感**"和"**顿悟**"，甚至对未来事物的结果有"预感""预言"等都是直觉思维。直觉思维是思维对感性经验和已有知识进行思考时，不受某种固定的逻辑规则约束而直接领悟事物本质的一种思维方式。

直觉思维有着**简约性**、**创造性**和**突发偶然性**的特点。

（1）简约性

直觉思维是对思维对象从整体上考察，调动自己的全部知识经验，通过丰富的想象作出的敏锐而迅速的假设、猜想或判断，它省去了一步一步分析推理的中间环节，而采取了"跳跃式"的形式。它是一瞬间的思维火花，是长期积累上的一种升华，是思维者的灵感和顿悟，是思维过程的高度简化。

（2）创造性

直觉思维是基于研究对象整体上的把握，不专意于细节的推敲，是思维的大手笔。正是由于思维的无意识性，它的想象才是丰富的、发散的，使人的认知结构向外无限扩展，因而具有反常规律的独创性。

（3）突发偶然性

直觉的获得虽然具有偶然性，但绝不是无缘无故的凭空臆想，而是以扎实的知识为基础。若没有深厚的功底，是不会迸发出思维的火花的（图 3-7）。

A

 请看图 3-7A、B这两幅照片，是不是感觉太普通了，甚至有些乏味呢？

B

但是，当你看到下页的图 3-7 C 以后，就马上会发现自己错了。这种由于偶然性所带来的视觉冲击力是难忘的，甚至让我们感觉有点恐怖，设计师的目的却达到了，因为我们记住了它。

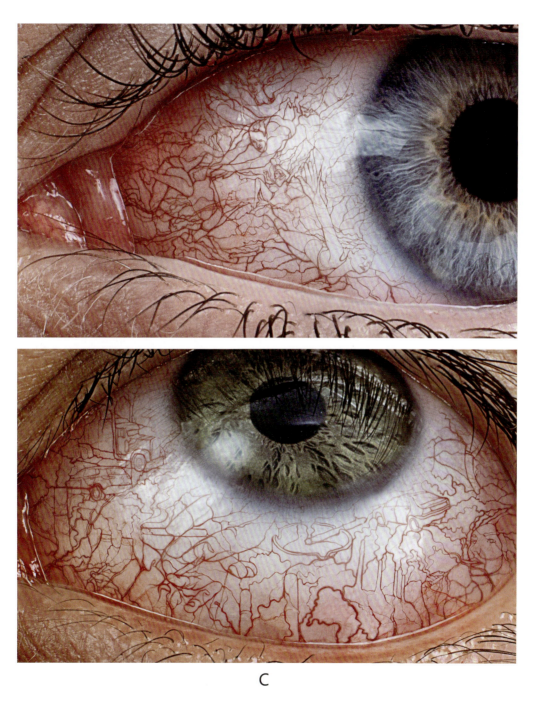

c

图3-7 让人意想不到的创意

3.2 广告创意思维方法与实践

3.2.1 顺向思维

经验性的思维模式

顺向思维是一种设计师结合过往的经验性活动来分析解决问题的方法,以固有的成果和理论为基础,依照事物自然发展的进程进行思考、预测、补充、深化,运用已知事物来创造新事物的思考方式。简单来说,顺向思维是一种经验性的思维模式,尤其是那些固有的、认同的、成功的经验。

顺向思维是多维化创意思维中应用最为广泛的思维方式之一,基于人们的经验性活动使应用这种创意思维的广告设计具有了简单易懂、形象生动的特点(图3-8)。这种思维方式需要通过一个长期、反复的强化过程来建立,通过反复试验和成功循环积累经验。当再次遇到类似的对象后,以往成功的经验性思维可以发挥作用,启动思维的再次循环。毫无疑问,这种经验性思维可以帮助我们快速地找到解决问题的方法,但如果不加选择、无限制地套用,使之成为一种思维定式,则会给人们留下毫无新意的印象。因此,在使用顺势思维的时候应当对问题进行有针对性的分析,不能盲目套用。

1 久坐
2 蛛网
3

1+2 → 3 这就是顺向思维。

图3-8 顺向思维的广告创意

3.2.2 逆向思维
打破僵化的思维定式

逆向思维是一种没有遵循以往分析、解决问题的经验方法，跳出固有思考模式，应用完全不同的其他方法反其道而行之，通过完全不同的视角来考虑问题的思维方式。它的特点是打破僵化的思维定式，不与常规为伍，同时又能从中看出问题、事物的联系性。在这种思维的指导下，能够挖掘出事物不被人注意的一面或多面，从而有助于产生新的解决问题的方法，创造出新的形象。应用逆向思维的广告设计对于受众的理解能力有着更高的要求。不同于以往的经验性活动与寻常方法，在逆向思维的指导下，广告会向着出人意料的情况发展，但最终会因与固有经验、事物的联系性被受众所接受。

广告设计在创意初期需要考虑运用正向思维还是逆向思维来进行表达。借助正向思维表达广告信息，需要运用多维化的设计方法直接突出产品特点，是广告创意的一般方法。而在逆向思维的影响下，设计师需要避开信息的直接表达，通过其他方式间接体现产品特点，达到出人意料的效果（图3-9）。

图3-9　逆向思维往往要打破人们的思维定式

1+2 ✕ 3 这就是逆向思维。

3.2.3 形象思维

直观形象的思维方式

形象思维指的是用以上**直观的**、**具体的**形象来解决问题的思维方式。形象的概念总是和**感受**、**体验**联系在一起的。我们通常把通过眼睛所看到的图像称为**视觉形象**，鼻子所嗅到的气味称为**嗅觉形象**，耳朵所听到的声音称为**听觉形象**，舌头所品到的味道称为**味觉形象**，皮肤所触碰到的感觉称为**触觉形象**，因此，形象不仅限于眼睛所看到的图像。

在传统平面广告设计当中，形象思维是广告创意表达的基本思维方式，将产品特点与广告信息用形象化的图形语言进行表现，从而传递给受众。

多维化的设计方法则拓展了形象思维的作用手段，通过调动受众的多种感知器官，可以给受众带来丰富的感官体验，从而产生直观的形象联想（图3-10）。

当人们感知到新的形象时，就会激活记忆当中与新形象相类似的感知形象以及紧随其后的那些感知形象，各种感知形象将会在人们的头脑中变幻，这种感知形象在头脑中的变幻能够引起人们的行为。

! 当你看到这幅图片的局部时，你认为自己看到的是树叶的视觉形象么？

A

! 而当你看到这幅图片的整体时，却发现自己看到了一只昆虫的形象。

B

? 我们看到的究竟是树叶还是一只昆虫呢？

其实，我们既看到了树叶，也看到了昆虫。这时设计师把我们对树叶的视觉形象与对昆虫的经验形象进行了巧妙的组合。这样利用形象思维带给我们的视觉体验是非常惊奇和过目不忘的（图3-10）。

图3-10 利用形象思维制作的合成画面

3.2.4 抽象思维

提取事物的特征

抽象思维是指人们在认识活动中运用**概念、判断、推理**等思维方式，来对世界的客观现实进行**间接的、概括的总结**。

哲学意义上的抽象思维是一种系统化、理论化的世界观，是对自然知识、社会知识、思维知识的总结概括，是世界观和方法论的统一。

抽象思维是将具体的、形象的事物，总结概括成具有共性的、普遍适用的特点和结论。在视觉设计中，符号、标志、卡通等抽象图形，就是在抽象思维下提取事物特征、通过形象化的图形语言进行表现的结果。

在广告的初期创意阶段，**抽象思维与形象思维是相互转化的**。以商业广告为例，设计师想要通过广告进行品牌推广，首先需要对产品特点进行提取。这里运用了抽象思维能力。然后再将想要表现的产品特点以形象化的手法进行展现，又运用了形象思维能力（图3-11）。

? NIKE与达利有什么关系？

图3-11 耐克广告

我们习惯思维当中，完全风马牛不相及的两件事，正是由于彼此之间有抽象而又具象的视觉联系，因此，当设计师把二者进行组合时，我们既感到意外，又感到有趣。优秀的广告创意就这样产生了。

3.2.5 发散思维

获得广告创意的灵感来源

发散思维是指人们在解决问题或进行创造活动时，围绕着同一主题，将思维以一种放射性状态扩散出去，使思维**呈现多维发散状**。运用发散思维来看待问题，可以从事物的不同角度、不同层次进行思考，能够对问题的本质产生清晰全面认识，从而迸发出新的观点。在创意想法的萌生阶段，运用发散思维进行头脑风暴，提出各种可能的方法，使思维跳出固有定式，发现更多新颖独特的创意想法。

在多维化平面广告的设计中，大胆新奇的想法是广告创意的根本。发散思维因其**无局限、无定式**的思维特性，能够充分运用多维化元素提出创意方案（图 3-12），成了最为重要的思维方式之一。充分考虑产品特征在不同维度的表现形式，并提出各种天马行空的创意想法，是发散思维具体的作用方式。

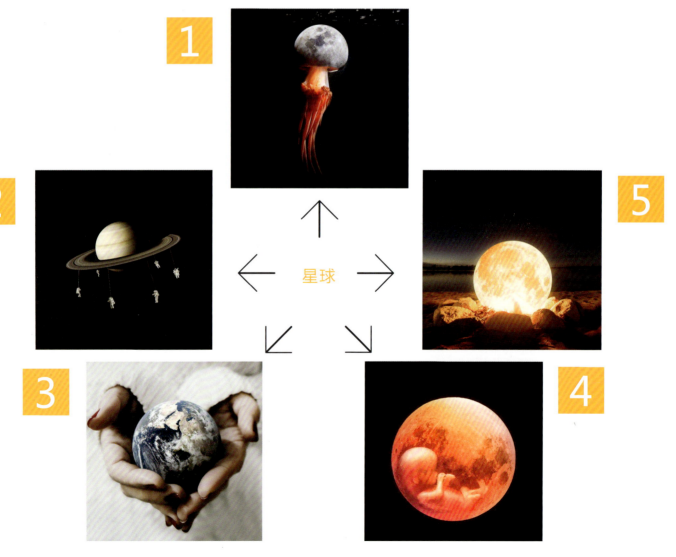

图3-12 以"星球"为创意出发点的发散想象练习

3.2.6 聚合思维

有方向的思维方式

聚合思维是一种从已知的信息中**寻找逻辑结论**,从现成资料中发现答案的正确性、有条理性、有方向性的思维方式。聚合思维也可以称为集中思维、辐合思维、求同思维和同一思维等。在解决问题时,聚合思维与发散思维相对应,能够将广阔的思路汇聚于一点,从而总结出一个有规律、有条理、具有同一性的方法或特点。

聚合思维需要设计师能够调动起已有的知识和经验,从多维的角度对信息进行归纳、分类、筛选,通过层层过滤去除不相关的信息,保留最终有效的信息(图3-13)。

在广告创意过程中,**发散思维与聚合思维是相互交替、共同存在的**。广告设计初期通过大量案例调研,可以由发散思维提出各种可能的创意表现方式,然后需要运用聚合思维对这些创意方法进行筛选,从中选出最优解。

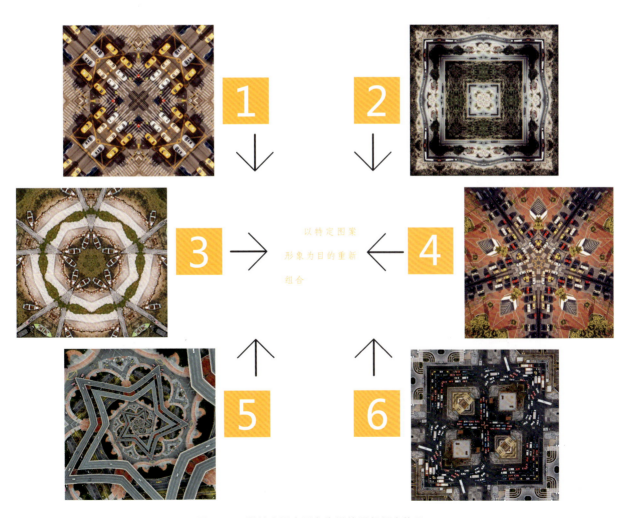

图3-13 以特定图案形象为目的重新组合练习

3.2.7 定式思维

深入了解并实现设计定向

定式思维是人们认识事物时,基于原本的认知基础、情感诉求等心理层面的**思维准备状态**,对后期的注意、感知、记忆、情感等思维或认知活动起到的**推动**或**阻碍**作用。

定式思维对设计者和受众均产生作用。广告传播过程中,受众也有一定的心理定式,左右着其对信息的认知和选择。广告创意设计思维过程中,设计师更需要有一个明确的方向和清晰的目标作为思维的核心(图3-14)。

创意定式思维通过受众的信息资料整合排列,进行严密的逻辑分析,利用受众意识形态中已有的知识和感官进行关联记忆,保证设计的定向性。创意设计思维采用定式思维,以受众认知规律和特点作为设计方向"对症下药"。在思维过程中保证受众能够根据设计者的设计思路理解设计所要表达的内容,避免设计者主观意识不经意间侵占客观。

创意的定式思维要注重**受众痛点收集**,把广告传达信息按不同受众需求分类,判断受众痛点在哪里;绘制受众需求地图,结合数据分析和受众信息反馈;充分利用互动性,利用受众对同类其他设计的评价和吐槽进行信息积累,使受众的形象更鲜明,对设计更具有指导意义。

定式思维的目的是为了更好地了解受众,给设计以有力的支撑,使设计所要传达的视觉信息、主题和内容更加明确,能够看到现象背后更为细致真切的因素。脱离定式思维的广告设计只能使受众管中窥豹地了解琐碎信息。与单纯的艺术相比,广告设计更需要的是理性的思维模式,定式思维能够大幅度提升设计师设计的准确率。

图3-14 定式思维模式下的"宝马"汽车广告

3.2.8 联想和想象
向有意蕴视觉语言的转译

联想和想象是针对处理后的信息和问题产生尽可能多的想法和方案，为设计提供尽可能多的创意，最后转译为有意蕴的视觉语言。想象是利用客观存在的事物创造新形象的思维能力。想象能超越时间和空间的界限，凭借语言形式带给受众超越其认知的视觉和观念体验。**想象力大于创造力，创造力取决于想象力。**

联想和想象作为一种思维方式，通过前期积累的信息以及对问题的理解，进而延伸对问题的认识并结合实践经验、受众信息深入思考，激发创意灵感。联想旨在与无关的设计元素产生密切关联，并在碰撞中产生新的创意，引发创意以意外的方式吸引受众注意力，即**打破常规**。

突破惯性思维的设计，往往会使受众感到惊讶，进而引发注意和思考。有意蕴的设计语言是多层次、深层次的设计语言，通过联想和想象打开知识的缺口，增加设计的内涵和意味，给受众创造意外的视觉吸引力，又不会因为偏离轨道而陷入知识诅咒（图3-15～图3-19）。

需要注意的是，联想想象的创意思维是建立在合理性的基础之上，以新的视角和层面去沟通受众的心理认知，引导受众从**无意注意**到**有意注意**并乐于深入地理解设计作品，从而产生持久影响力。

图3-15　空间错位联想

图3-16　主体转换联想

图3-17　同形置换联想

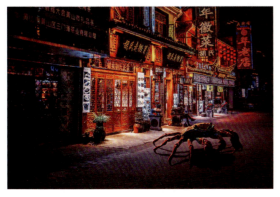
图3-18　夸张对比联想

图3-19　拟人化联想

3.2.9 水平思维

挖掘商品自身的特点

水平思维，就是摆脱非此即彼思维方式的思考方法，也是**摆脱逻辑思维和线性思维的思考方法**。在水平思考中，人们致力于提出**不同的看法**。每个不同的看法不是互相推导出来的，而是各自独立产生的。

"水平思维"或"水平思考法"，是英国心理学家爱德华·德博诺博士（Dr Edward De Bono）所倡导的广告创意思考方法，因此，此方法通常又被称作"德博诺理论"。**水平思维法是针对垂直思维（逻辑思维）而言的**。区别于垂直思维，水平思维不是过多地考虑事物的确定性，而是考虑它多种选择的可能性；关心的不是完善旧观点，而是如何提出新观点；不是一味地追求正确性，而是追求丰富性。

广告设计中，水平思维创意是在原有创意的基础上进行创意开发。一般来说，水平思维创意法是一种横向的创意方法，这一方法是从不同角度分析商品，总结商品特征，在原有广告创意的基础上进行创意的再开发（图3-20）。在传统思维中，人们常常受逻辑思维和线性思维的局限，所以普遍擅长于分析和判断。这样，人们普遍关注"为什么"而不是关注"还有可能成为什么"，于是人们的创造力就受到了局限。

图3-20　水平思维创意方法下，麦当劳广告的多种创意表达

3.2.10 垂直思维
理性逻辑的思考延伸

垂直思维，就是**逻辑思考、垂直思考、纵向思维**。

垂直思维是按照一定的思考线路，在一个固定的范围内，自上而下进行垂直思考，故被亦称为垂直思考法。此方法偏重于对旧的经验和知识的重新组合来产生创意，能够在社会公众既定心理基础上交出广告创意的诉求，但是在广告形式上**难以有大的突破**，结果比较雷同（图3-21）。这种思维方法在进行创意时，可以对事情做更深入的研究和表达，但**不易产生新的创意**。

垂直思维与水平思维显然有区别：垂直思维集中考虑的是必须取出一块石子；而水平思维却把注意力集中在口袋里剩下的那块石子。垂直思维对事物进行"最合理"的分析观察，然后利用逻辑推理予以解决，但你看到了在上面这个例子中运用逻辑推理无法求得理想的解答；而水平思维则用不同的方法去观察事物，然后用最有希望的方法去处理，化险为夷。

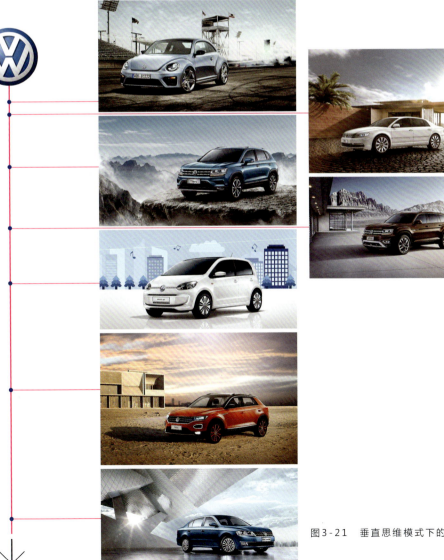

图3-21　垂直思维模式下的大众汽车广告

3.2.11 | 比拟思维

激发观者的想象

比拟思维创意法是指通过利用相似物体之间的视觉共性激发用户联想获得广告创意的方法。设计者将商品比拟为日常生活中常见的物品，给人联想的空间，从而获得更多的好感。比拟创意思维过程中，联想想象通过新奇事物给予受众思考的空间，引发兴趣和关注。通过开放性的思维模式创造一种"不可预知性"，使受众产生一种"意料之外，情理之中"的惊喜感。

比拟创意思维通过突破人们原有思维基模或定式，用打开知识缺口的方式传递信息，以引起人们反思；同时把联想创造建立在一定的维度之内，帮助受众修复这个缺口。这个新的维度就是受众现有的观念意识形态以及在此基础上所能扩展的全新视觉形象认知（图3-22）。就像人们在学习知识点后，通过练习题可以发现知识点的欠缺，并且更能加深记忆。

图3-22　比拟思维创意——喜力啤酒广告

3.2.12 情感转换
画面情感的改变

情感是人对客观事物是否满足自己的需要而产生的**态度体验**，情感更倾向于社会**需求欲望**上的态度体验。作为社会人，我们每个人都有固有的**情感倾向**。我们的情感指向什么或为什么会引起，和我们的世界观、人生观有着密切的联系，也和我们的人生态度有关。创意源于生活，要做出好创意首先要研究目标消费者的心理，尤其是**情感需求**，然后将产品或品牌跟情感联系起来，广告故事要符合目标消费者的生活和情感，那样才能引起共鸣。

情感转换的诉求方式是通过情感对信息加工过程的影响间接引起态度的变化。情感对信息加工过程的影响，一种表现是当情感体验同显示的材料内容一致时，人们的回忆要比对不一致的材料回忆得更好。另一种表现是在信息加工程度上，对于令人振奋的说服信息，积极性情感体验者比消极性情感体验者了解得更多；而对于令人沮丧的说服信息则相反。这些都表明情感影响信息加工过程的认知反应，进而影响其态度变化。

广告创意设计中，画面情感的转换可以让观者产生一定陌生感，良好的情感植入到另外一个陌生的环境时，会给观者带来双重的心理感受（图3-23）。

图3-23　情感转换——福特汽车广告

陌生化的设计语言不仅给人惊奇感，还在于含蓄传达信息的内涵。广告情感语言的陌生化目的不在于创造新奇，而是在于"新"形成的一种距离感。距离可以带来吸引力，带来从漠然到振奋的转变。陌生化的画面情感引发"不可预测"，而事件内部的关联性使广告传达的信息能够被受众理解。通过受众对广告情感的主动解读，由未知到启发而产生持久影响力和持续性记忆，广告设计情感转换的趣味由此产生。

3.2.13 | 情感维系
信息设置的关联性

在受众理解设计并能够从中获得有效内容之前，信息本身没有任何价值。今天，广告设计深入到我们生活的每一个环节，好的广告设计有无数种形式，但设计要的不是漫无目的的尝试，而是在表达"是什么"之前，需要告诉受众"为什么"，给他们一个**关注的理由**。

广告设计传达信息需要受众主动去**注意、理解**和**接受**，这就要求设计师在创造过程中与受众建立一种情感或认知上的关联性（图3-24）。关联性是指给设计和创意划定一个范围，以受众的意识形态、认知能力和背景为出发点，建立在受众能够弥补的认知缺口基础上，避免受众的认知障碍。

社会的发展进步催生了人们对情感关怀的重视和强烈需求，并且更关注自身利益和身份认同。受众从接收信息到接受再到行为的改变，是一个情感化的转变过程。创意是一个理顺信息传播机制、外在语言形式与受众心理认知之间关系的过程。情感维系作为一种受众的反馈机制，成功实现与受众情感上的互动。

相对于产品带来的功能体验和价格因素等外在影响，建立起的情感维系更容易对受众产生持久的影响力。创意的情感性将客观存在的内容转化为受众希望看到的或者关乎切身利益的设计语言形式，并增添某种情感化的因素在里面，引发受众对广告设计的关心并建立情感联系。

图3-24 爱为诺儿童安全座椅广告

3.2.14 | 情景转换
语言形式的陌生化

视觉语言形式的陌生化是设计师通过重构受众与客观存在的认知关系，从新的角度带给受众新的体验和收获，带来愉悦和满足。情景转换所带来的陌生化不是完全脱离受众认知和客观实在，而是一种外部不相关而内部有关联的矛盾统一。情景转换只是一种表象，是建立在受众认知基础之上打开受众知识缺口，带来外部感官和精神层面的冲击。

广告设计通过**制造意外的视觉冲击**，引起受众注意，而后经过积极的思考或联想等得出合理的结论，填补了知识缺口。这是一个连贯的过程。随着受众个人素质和认知能力的提高，广告设计不仅是一种传播工具，更是饱含更深层次的文化载体。广告是把传播内容转换为设计符号的结果，视觉语言形式陌生化往往比单纯的描述更能给人带来启发。这种情况下，受众获得一种不同以往的认知体验，增加了趣味性和探究性，能够更主动地去理解其内涵。例如，一座建筑物只能充当一个平台，住户可以借助这个平台发挥自己的创造性，打造属于自己的生活空间模式，而不是按照建筑师的设想去安排，否则只能是千篇一律。

人们往往更容易对**未知的、打破原有认知思维的事情**产生兴趣。带有启发性的形式语言更容易激起受众寻找答案的兴趣。商业广告包含深刻的内涵，以陌生化的视觉语言形式引导受众自己去思考，探究广告背后的含义，更加深对商品的关注，并产生一种信任感（图3-25）。

图3-25　情境转换——丰田汽车广告

3.2.15 学会讲故事
生动的情节设定

人们总是容易被**故事**吸引，从孩童时期故事便被当作一种娱乐和学习。信息直接表达可能会被听众反击和提出质疑，而融入一定的故事情节，受众就容易被吸引其中并主动参与讨论。广告人里奥·贝纳说过："任何商品都有**戏剧化**的一面，具有引发人兴趣的魔力。"杜威曾经说过："故事是最生动的逻辑。"商品的戏剧化包含着附着其上的情节设定及其本身满足受众欲望的特性。广告设计通过生动的故事性情节展现在受众面前，使设计具备娱乐性、亲和性、可信性，更容易吸引注意力，便于理解和记忆。

创意通过生动的故事情节融入广告设计语言形式中，能够充分发挥其价值感召力，建立与受众的**情感维系**与忠诚度。当设计形式语言和受众之间的意志、认知及情感达成契合，便自然而然地成为他们意识中的现实存在。

故事情节源于生活，包含人们的日常生活和人生经历，为人们所熟悉，便更容易被理解和记忆。内容结合一定的故事情节创造一种趣味性的体验，引发受众兴趣和思考，促使设计传达的信息深入人心（图3-26）。创意故事原则应用到当代广告设计中，通过生动的、创新性的故事情节设定，营造一种体验性的氛围，带动受众情感体验并引发思考。受众能够参与其中，才更能提高其积极性；能够置身其中，才更能深刻体会广告表达的内涵。故事情节的设定成功拉近广告和受众的距离。

广告语：不要在关门的时候赶火车。

广告语：别在大门口搭火车。

广告语：回家吧，姑娘，最好离铁轨远点。

广告语：走路的时候要慢一点。

广告语：在平交路口要向左向右看两次。

广告语：注意抓住扶手，而不是帽子。

图3-26 昆士兰州铁路局广告（广告语："安全出行，安全到家"）

3.2.16 以简胜繁
学会提炼设计要素

大众的有限心智通常不能同时处理七个以上的单位信息,所以面对海量的碎片化信息,受众更容易接受**简单的、有针对性的**信息传播。在设计领域,简约是一个老生常谈的概念。创意的简约表达不代表简单,相较于"less is more",不如说是"enough is more",不是一味追求少,而是恰到好处的实用。

广告设计作为传达信息的载体,需要受众去了解、去认知。"沉默不语"或者"原声翻录"都不能达到设计的效果,这里的简约是要"找到问题的核心",剔除次要信息,保留需要对受众产生触动的信息。广告创意中简约包含以下两个方面。

首先是寻找并**精炼核心观点**。极简主义设计大师吉尔·桑达曾说过:"拿走的东西越多,留下的就越纯粹。"思考设计真正想要传达的信息是什么,这是找到核心的关键。寻找核心的有效手段有很多,比如寻找关键词。一条好的文案能让接下来的创意创作变得简单。同时,不能忽视舆论主体——受众认为重要和有趣的内容。

其次,**把握优先次序**,学会区分主要和次要内容以及主要内容的主要方面,避免提供太多信息,让受众陷入选择焦虑。巧妙地利用简练表达可以创造出复杂的内容,即受众能够从简练的语句中获取复杂的信息(图3-27)。

另一个层面是精炼中有深度,即简约中的复杂性。有深度的精炼是用比较容易让人理解的方式解释设计要传达的信息,用简短的信息表达更多的内容。比如:借用基础概念或类似概念进行类比转换。广告设计是关于受众的设计,一个具有明确目标的设计必须包含"固有的简单性"。简约是用减量设计在形式语言上追求核心信息的精准表达。此外,设计师首先要确保传达的信息是有针对性的,能够触动受众并影响其决定的,否则表达再准确再易于理解都毫无价值。其次是要学会用易于理解的表达方式代替晦涩难懂的内容。

图3-27 以简胜繁的广告创意

3.2.17 | 视觉意外

创意的精心策划和要素管理

信息传递首先需要解决的问题是**如何吸引受众的注意力**。设计师不能直接命令受众去关注设计作品，所以需要用一定的方式去吸引他们的注意力。受众的注意力是决定设计效力的第一步。视觉意外是设计者精心策划的"意外"，最基本的方法就是打破常规。受众具有**求新、求知、关注差异化**的心智规律，广告创意利用这种规律，确立吸引受众的策略。

人们每天面对大量的信息，打破常规的信息更容易吸引注意力。人们面对持续性的感官刺激就会变得麻痹。比如办公室里习以为常的电脑主机的嗡嗡声，只有这种状态发生改变时我们才会注意到它的存在。电脑主机声音最响的时候往往是启动瞬间或者突然断电。"惊讶"是利用受众的好奇心，打开受众认知的缺口，出人意料，激发求知欲。创意的内容设置需要设计者从思考需要传达什么信息转变为受众能够提出什么问题。设计者传达的信息首先需要不可预测性，打破人们固有的思维模式；又要给出一定的挖掘空间，促使受众深入思考，这是一个持续吸引的过程（图3-28）。

需要注意的是"意外"所带来的视觉吸引**要时刻围绕设计传达内容的核心**，否则广告将陷入浮夸荒诞，缺乏广告价值。广告设计的目的是利用形式语言影响受众的行为和决策。

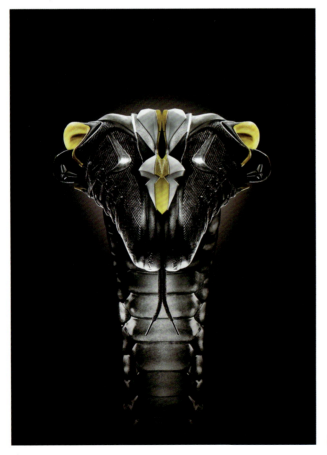

Nike Zoom Kobe Ⅶ是Nike的一款篮球鞋，其独有的Kobe Ⅶ可自定义体系突破了单品的概念，通过可互换的速度模块与力量模块，为不同篮球风格的用户提供多种性能选择

一个优秀的广告创意，首先要明确所要传达信息的核心，然后找到信息中与受众认知基模相违背的内容，最后转换为打破受众常规认知的语言形式。用非常规的表达方式破坏受众认知体系，用违反直觉的方式传递信息，然后帮助他们恢复认知，让受众产生"原来如此"的感叹。

图3-28　Nike Zoom Kobe Ⅶ 球鞋广告

3.2.18 具体要素

设计元素精确、传达信息快捷

广告设计以视觉形式语言作用于受众，是一种抽象化的表现形式，然而**人的大脑更擅长理解并记住具体的东西**，所以创意过程中需要以受众能够把握的具体化信息作为基底进行抽象化的创作。当下人们每天都会接收来自线上线下的各种信息资讯，任何抽象、复杂、晦涩难懂的信息很难进入人的大脑，往往被一带而过。创意的具体不是传播信息内容的简单罗列，而是在设计过程中减少抽象化的、专业性的表达，把有深度的内容转化为不同理解水平的受众能够理解的形式，确保设计内容的高效传递。

广告设计需要将信息准确无误地传达给受众，而脱离受众认知的东西不同的人容易产生不同的诠释或者造成信息歪曲变形的后果，具体化恰好可以帮助设计师避免这些情况（图3-29）。"具体要素"在广告创意原则中相对比较容易实现，注意不要陷入自我意识或抽象的夸夸其谈，避免和受众产生认知上的过度偏差。比如具体化的名词"10毫升"比抽象的名词"适量"更能让人有快速明确的了解。**划定相应的范围，更便于人们发散思维**。

图3-29　利用受众心里已有的具体要素进行的广告创意

具体要素就是通过圈定受众已有的观念意识形态，在此基础上搭建更高层次的抽象形式语言和内涵。设计需要体现逼真的细节，广告设计要围绕问题的核心保证传达信息的可靠性，利用合理的夸张手法转换为视觉语言。

抽象中包含真实的细节，设计师有意识地对设计对象的内容进行拓宽，发挥设计表现形式的艺术效果。脱离意识把控的夸张，容易造成设计对象的表达和受众认知的偏差。

3.2.19 | 诚信可信

设计内容的准确表达

诚信是有效沟通交流的准则。广告设计传递信息，重点在于让设计使受众相信，从而建立情感联系。除了依靠外部的权威，更需要设计内容的准确表达。

广告设计追求创意，需要开阔的脑洞，往往应用合理的夸张手法，避免囿于规矩。但是受众如何对所接受的信息进行解码，能否引起相应的消费动机就未知了，所以这就要求在运用夸张技巧的时候视实际情况而定。广告设计中数据本身无法使人产生信任感，重要的是把数据置入更人性化、日常的语境（图3-30）。单纯地罗列数据对广告设计而言反而增加受众的记忆的难度。把数据置入恰当的语境，置入与受众熟悉的背景发生关联，提供想象的空间，让他们觉得合乎情理，更有利于对设计的理解和接受。

统计数据本身没有价值，是受众认知和应用环境使它们有用。广告设计作品还**需要一定的可验证性**，引导受众自主验证信息的可靠性。从受众角度出发在广告中提出观点，促使受众主动参与到广告的可信性验证。

图3-30　视觉表现极大提升了广告中商品的可信度（新秀丽箱包广告，广告语：我们装下整个世界）

3.2.20 乡愁之情

现代都市人的独特情感慰藉

乡愁，应该具有两种解释，第一是背井离乡的人们对故乡的思念之情；第二是在城市生活的人们对乡村生活方式的怀念与向往。提及"乡愁"，往往首先将其与背井离乡的人们对故乡的思念之情联系在一起。思念故乡，其实也是在思念亲人。无论是年迈的父母，还是暂时分别的妻儿，当这种思乡之情涌上游子心头，"独在异乡为异客，每逢佳节倍思亲"的凄凉感受与"夕阳西下，断肠人在天涯"的愁苦心境便挥之不去，难舍难平。对于广告创意来说，最常见的乡愁主题，是对故乡与亲人的思念，又更多地体现在远离乡村、在城市打拼的人们对家乡的思乡之情。这在一定程度上符合了"乡愁"的词义解读，也迎合着部分广告受众的怀旧心理。

"乡愁"一词的第二种解释，表达的则是对乡村生活的怀念以及对乡村生活方式的向往。这种乡愁源于长期在城市工作与生活的人们对记忆与想象中的乡村所形成的眷恋与向往，这是一种原始的、朴素的、纯真的集体无意识，也是一种浓郁的、强烈的、萦绕不休的精神寄托。对于广告创意来说，最常见的乡愁主题，是对故乡与亲人的思念，又更多地体现在远离乡村、在城市打拼的人们对家乡的思乡之情。这在一定程度上符合了"乡愁"的词义解读，也迎合着部分广告受众的怀旧心理。广告创意对乡愁主题的运用，应该从当前的社会心理与文化语境层面出发，进行更加深入的词义解析与文化阐释，才能深刻把握"乡愁"的真实内涵，深度契合广告受众的内心情感，达成更有效的广告传播效果（图3-31）。因此，广告创意中的"乡愁"主题，应该区分为"对故乡与亲人的思念""对乡村朴实生活的怀念"及"对乡村宁静生活方式的向往"三类主题。

图3-31 骊景山地产广告（广告语：攀登者更应懂得享受，进山吧）

第 4 章
广告图形创意

图形是广告创意设计的灵魂,尤其是在平面广告中,图形是广告视觉传达的主题。因此,在广告创意设计中的视觉传达中,设计人员要十分重视图形的运用,结合广告内容,选择合适的图形,进而提高广告的表现力。另外,在图形设计中,要考虑到画面的叙事性,选择有叙事性的图形来进行视觉传达,进而更好地吸引受众。在广告设计的众多组成要素中,文字创意因为受到民族语言、行为习惯等多方面因素的影响,有时候会出现理解偏差或内涵失真,并且还存在着明显的交流障碍。同时,与图形相比,文字的信息量也较为有限。相关研究结果显示,创意图像在广告中的展示比文字更加吸引人。因此,广告创意与设计也就会集中到图形创意方面上。通过图形创意能够传播大量的信息,在标新立异的主导之下,形成个性化意念特征以及创造性的设计形式,可以最大限度地吸引受众注意力,形成强烈的视觉冲击力。

4.1　抽象与单纯

人们由一个自然物象中所产生的视觉形象一般经历三种反映过程：一是物理反映，即视觉对物象的光、色、形、质的映入并在视网膜上成像；二是生理反映，经眼部肌肉的扩张与收缩并锁定物象和有意义的内容从而获取信息；三是心理反映，有意识地将到达大脑皮层的刺激信息进行视觉经验分析并做出判断。对那些未提炼加工的自然物象形态原型，人们称之为具象形态；对已经过真实视觉而进行提炼加工的人工形态，则称为抽象形态。

人们常把图形喻为一种"世界语"，因为它不分国家、民族、男女老少、文化深浅、语言差异，普遍为人所看懂，并不同程度地了解其中的含义。究其原因，图形比文字更形象、更具体、更直接。它超越了地域和国家的界限，无须翻译，却能实现"一图顶万言"的传播效能。"点——静止""线——内在张力"，都是源于运动的结果。这两种元素造成它们各自"语言"的交织、并置，这是语言难以达到的，点和线给予画面以最简洁和最准确的表现。纯粹的形式服务于丰富、生动的内涵。康定斯基曾经说过"平面是活的，是有呼吸的"。因此，广告的"平面"也是可感知的，即包括以点、线、面为要素，以动势、感觉、意义、情调或想象力的表达为原则的情态图形。

4.1.1　点
最基本的图形表达

点只有**位置、大小**，但**没有方向**。点的移动轨迹形成线，线的扩张移动形成面，面是线移动的轨迹。现代艺术家们的理论研究证明：点在造型艺术领域的运用非常有趣，它既不同于几何学上的非物质存在意义上的点，又不同于其他意义的点。

点的基本特性是**聚集**。任何一个点都可以成为**视觉的中心**。由于艺术设计中运用的点是纯粹形态，它的大小和形状的变化直接影响到点的构成变化（图4-1）。在某些情况下，一个点可以被视为一个面，面的对比可产生点或非点的效果。

"点"作为最基本的造型元素，始终在相对的意义上发生视觉上的审美作用。例如，我们若要对某一圆点进行点元素范畴的界定，首先看它在画面构图中所占据的面积是否适宜，否则，有可能被我们将之界定为"面"形态。一般而言，"点"相对于"面"，其面积必定较小。对这

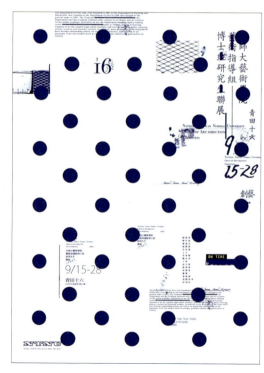

图4-1　以点为设计要素的广告设计

一相对意义上的概念性把握是我们运用点形态进行构成训练的一个最基本的尺度。因此，点的造型意义使艺术设计家们对它的研究最终找到了最富成效的理论认识："点"作为现实形态，其表现形式无限多样：有圆的或接近圆的形态，有锯齿状或任意状的形态；既有规则的点，又有形形色色的点。

4.1.1.1 点的形状

一个形象称之为点，不是由它自身的大小所决定，而是由点的体量在变化中所体现。点有大小之别，当然也有形状之别。它可以是正方形、圆形、三角形、多边形或其他种种的不规则形，点的形状随感觉而变化。

4.1.1.2 点的联想

方形点的外轮廓由直线构成，形象坚实、方正、规整，给人以静止和庄重之感。方形点的刚正与圆形点的温柔形成强烈的对比。当画面中只有一个点时，视线会不自觉地聚焦于此，当大小不等的两个点同在一个点时，视线会由大点移向小点，产生由大到小、由近到远的空间感。当大小相同的点在一个画面中，两点之间就有了"线"。当三点共存时，即产生了"面"的感觉。点的规则连接会产生知觉的结果（图4-2）。

画面中只有一个点时，视线会聚焦于此

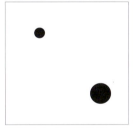
画面中大小不同的两个点时，视线会由大点移向小点

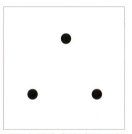
画面中三个点产生了面的感觉

图4-2 点的规律

不规则的点，形象自由随意，给人以灵动多边之感。不规则点的应用在中国书法中体现得尤为明显。现代艺术设计借鉴书法为造型手段，这既能增加优雅的气质，富有历史文化的深厚性，同时又有现代艺术设计生动、活泼的个性（图4-3、图4-4）。

总之，点的界限无法设定，点的境界极为深远。这就确定了点在现代艺术及其构成设计中造型的丰富特征（图4-5～图4-9）。

图4-3 点具有方向性和聚集性　　图4-4 文字作为点，不规则的排列产生了音乐节奏感

图4-5 聚集运动排列

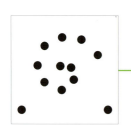

图4-6 动态旋转排列

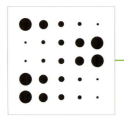

图4-7 韵律化排列

图4-8 面化排列

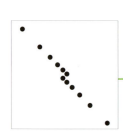

图4-9 线化排列

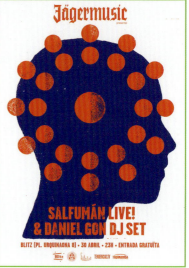

4.1.2 | 线   点的运动轨迹

线是**点的运动轨迹**。在几何学中，线是肉眼看不见的存在。而在一般的造型艺术中，艺术家对物象轮廓所采取的线条处理事实上也是一种人为的强调，因为线条具有**分割物体轮廓**的作用。由于线与点一样具有其他元素在视觉上不可取代的表现功能，因此，在广告设计中设计师对"线"的研究与认识更是意义深远。

线有粗细，但其宽度与长度必须差异悬殊方能称之为线，否则感觉会趋向点或面。从形态的实在性与本质上看，线条的显著特征与点相比显得细而长。因此，我们可以将极短的线条作为点来看待（图4-10）。然而，短线一旦朝着两端反向延长，就会成为典型的线条。并且，线条两端的尽头，我们同样可以理解为起点和终点这样两个隐含的点；反之，如果没有其他要素干扰，将两个点并置在同一画面，我们的眼睛就会习惯性地将之连成一根想象的线端。这样的视觉经验常被我们称之为造型作画中"定点连线"的好方法。这一情形在直线构成中尤为如此。在表现上，线比点更能反映自然界的特征，平面与立体都可用线表现出来（图4-11、图4-12）。

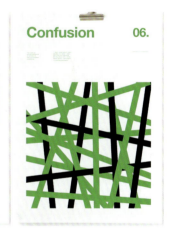

图4-10 短线具有点的特性　　　图4-11 线表现立体的效果　　　图4-12 线表现平面的效果

线的基本特征是视觉导向。与点的凝聚性不同，线总是牵引人的视线运动，因此线的本性是运动，而非静止。线作为纯粹形态而言，它的大小和形状变化能产生面的感觉，因此形态设计中线面经常穿插使用。按照方向差异，线可分为直线与曲线。直线主要有水平线、垂直线、斜线、射线。曲线又可分为几何曲线和自由曲线等。

4.1.2.1　直线

一般直线给人直率、简单、明了的感觉。直线的方向感极强，且力度感大于曲线，因此直线形态给人刚劲、有力的美感。直线主要以垂直、水平、倾斜三种不同的方向在作品中起构成作用。垂直线具有坚定、严格、阳刚和上下升降的感觉；水平线具有宁静、平寂的感觉；倾斜线具有动态、冲击和飞跃的感觉。

① 水平线与视觉的方向一致，因而产生舒缓、宁静、沉稳和无限延伸的感觉。广告中如果水平线与视觉方向一致，可以体现威严、沉稳的印象（图4-13）。

② 几何直线形有安定、简洁、坚固之感，给人强烈的视觉冲击（图4-14）。

③ 垂直的纵向形态给人向上耸立的基本感，可以体现出庄严、肃穆的视觉特征（图4-15）。

4.1.2.2 曲线

曲线则有柔软优雅之感，曲线的流动性比直线大得多，而且自由曲线比几何曲线（抛物线、弧线、双曲线）更灵活。曲线在平面设计中常以圆线、波线和任意曲线的面貌出现。圆线精密、雅致；波线优美、柔和；任意曲线自由、奔放和洒脱。它们随着各自的特性在平面构成中发挥作用。

① 几何曲线，一般具有理智而柔和的美感。它们通常呈对称分布，均衡、稳定又富于变化，因此广泛用于对功能和时代感都要求很高的尖端科技产品中。在几何曲线中，抛物线最具有向外运动、扩张的速度感，几何曲线形有柔和、典雅之感，自由直线形表现为强烈、豪放和明快之感（图4-16）。

② 蛇形曲线，亦称S线。蛇形曲线一波三折的起伏富有强烈的节奏感与韵律感，同时又充满柔和、秀美的气质。它不像直线形态流于生硬，动感也非常强。在广告设计中，蛇形线以其优美跳跃、轻松活泼的美感成为许多时尚用品形态的首选（图4-17）。

③ 螺旋曲线，具有强烈的上升感，同时它将重复性和创造性完美结合，从中甚至可以领略到一种幽默的趣味。螺旋线的运动感特别强烈，但并不紧张，且具有一种舒缓、逐步延伸的优雅美（图4-18）。

④ 徒手曲线有不明了的无秩序感，却又带着浓厚的人情味（图4-19）。

⑤ 自由曲线，变化丰富，有优越的内在魅力。自由曲线具有随机性和偶然性，没有规定，因而也最自由，内涵很丰富。总体而言，自由曲线显得奔放、流畅、热情，具有抒情诗般的美感。自由曲线可以呈现秀雅的美，也可以呈现雄壮的美，取决于自由曲线力度感、动感的差异，同时也与自由曲线和其他形态搭配后的效果有关。譬如自由曲线与几何曲线搭配，往往能增强其优美感；自由曲线若与斜线相配，则显得更有气势（图4-20）。

图4-13　水平直线

图4-14　几何直线

图4-15　垂直直线

图4-16　几何曲线

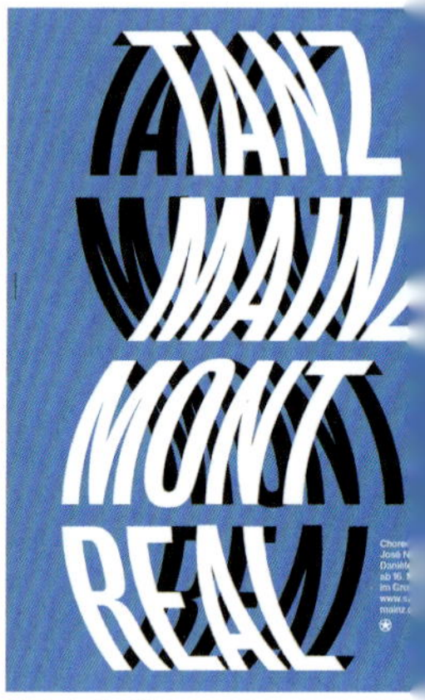

图4-17　蛇形曲线

图4-18　螺旋曲线

图4-19　徒手曲线

图4-20　自由曲线

图4-21 向上的斜线

图4-22 向下的斜线

4.1.2.3 斜线

斜线（射线）的方向感与稳定、平衡的上下左右方向有对比的关系，因此斜线显得比水平线和垂直线更灵活。中国书法中的"撇、捺"就是典型的斜线形态，往往成为一个字的点睛之笔。斜线的方向对其审美属性影响很大。

①向上的斜线，给人奋发、挑战的积极美感。上升斜线表现了乐观主义（图4-21）。

②向下的斜线，则让人产生俯冲、倾倒甚至危机感。下降的斜线被理解为悲观主义，预示了危险、意外、落难等，丰富的线条也丰富了我们的感觉。007系列电影《择日而亡》的海报设计采用了向下倾斜线作为画面主体构成骨骼，充分体现出紧张、冲突的视觉效果（图4-22）。

斜线是为寻求视觉上的刺激和振动，斜线的中断，产生"悬而未决"之感。同时，倾斜的线条能产生一种视觉上的联系，并且是视觉艺术中各元素之间最为重要的沟通方式。线条能引起一种视觉对话或视觉上的关注。尽管有其独立性，但线条也能分割它所在的块面，既能产生和谐，又能产生紧张。不同的线条引起审美的感受肯定不同。

图4-23 线规则的排列形成立体感

图4-24 具有韵律感的排列

4.1.2.4 线的感情特征

线条的远近感和方向性的性格在现代设计中表现出许多的感性特征。从美学观点看，艺术奥秘中的若干方面与线条休戚相关，因为线条是一幅构图中最为基本的部分，而动势、体积、阴影和质感都是以线条来描绘的。

线条能表示任何事物，以交叉、并列及交叠的线条来表现构图类型的种种变化。儿童产生"具象"作品之前，线条仍是他的第一形式因素。而且线条也往往被看作是某一特定的个人风格与形式的等同物，线条是毫不含糊的，是从属于个人的、是真诚的（图4-23～图4-26）。

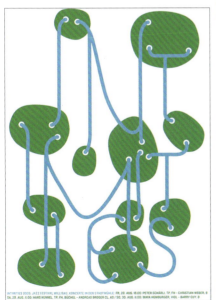

图4-25 线的自由排列

图4-26 抽象与具象的结合

4.1.3 | 面
充实的块状表现特征

　　面，在广告设计中属于非常重要的造型要素。面具有充实的块状美丽和丰富的表现特征。面在设计家造型意识的支配下可产生出无限种具有设计意义的形态来。从概念上看，面是相对于点而存在的面积较大的形态要素。面在平面设计作品中显现的丰富"表情"正如线的变化能表现出许多耐人寻味的情感特性一样。面的色调变化可使面形态的质感细腻、柔和；平涂的面显得纯净而饱满。面形态的性格之美应从它那不同的组合方式中才能充分感受到。例如，面的组合、面的体化、面的隐视、面的进深、面的虚拟、面的扭曲等组合方式都能将面的特征及"性格"反映得清楚、透彻。

　　面与线的情形类似，可分为几何形和自由形。正方形、矩形、圆形、椭圆、三角形、梯形是最基本的几何形。

　　① 矩形的面。作为直线与直角的结合，矩形的面具有直线形态刚直、稳健的视觉意象（图4-27）。在众多矩形中，以符合黄金比例的矩形更富于美感，这是由于它的长宽之比符合使知觉舒适的 1 : 0.618。符合这个比例的矩形介于一个正方形和两个正方形组合的矩形之间，与其他一切形态相区分。黄金比例是一个完善合度的比例关系，17 世纪欧洲著名科学家开普勒甚至将黄金比例视为几何学的两大宝藏之一（图4-28）。

图4-27　矩形的面

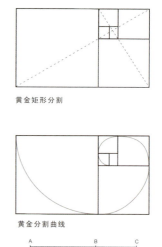

图4-28　黄金分割比例

　　② 正方形的面。正方形四边相等、四角相等，因而有平稳、单纯、安定、整洁、规则之感。而且无论它在空间中所处的位置如何，水平、垂直还是倾斜放置，它的整体稳定感都不会破坏。正方形的面是稳定的且具有延伸感的视觉元素，而且具有挺拔、高大、庄严的视觉意象（图4-29）。

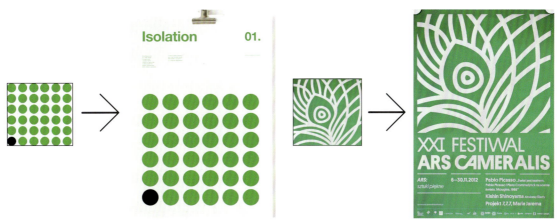

图4-29 正方形的面

③ 圆形的面。由曲线构成的封闭圆形是一个完满自足的世界。其圆润的边界线柔和、流动,给人生生不息、循环不止的感觉,其内部饱满、充实(图4-30)。圆具有丰富灵活的动感和转动的幻觉感,因此圆成为中国要素风格的首选形态。

偏爱圆形与中国传统的文化精神密切相关。圆循环流动、不息不止,也正是中国文化的精髓所在。圆曲线玲珑,似乎柔弱不堪,其实内部充实,从中折射出一种外表柔顺、内心刚健的人格美。椭圆是圆的变体,相对于圆而言,椭圆更为秀气、柔和(图4-31)。

图4-30 圆形的面　　图4-31 椭圆形的面　　图4-32 尖锐夹角的三角形的面　　图4-33 自由形的面

④ 三角形的面。三角形的三点连线结构一般被视为最稳定的结构。如果是正三角形,则它既体现出稳定感,又富有进取感。其左右两条边线相交成点,又成为视线的聚集中心。若是倒立的三角形,则是最不稳定的,并具有俯冲、倒退之感。一般而言,顶角的角度越小,对人的心理刺激越强烈,视觉识别力也越强(图4-32)。

⑤ 自由形的面。自由形包括有机形、偶然形、不规则形等。它们都是由不规则的曲线和直线组合而成的。自由形的面应用在招贴设计中,可以给人带来新鲜、时尚、活泼的视觉印象(图4-33)。

4.2 多样与统一

在广告图形视觉表现中，多样统一是构成形式美极为重要的法则之一。现代工业大批量的"同质化"产品生产与激烈的市场竞争结构，要求广告设计朝着系列化表现方向发展。在不断推陈出新的图形传达中应注意把握好多样统一的形式法则。

4.2.1 主属 视觉优先与主次关系

处理好视觉构图的主要部分和从属部分的关系，是实施统一法则的前提。一般情况下遵循主要部分视觉优先、从属部分顺以协调、两者和谐统一的原则。风格统一的系列广告设计如图4-34所示。

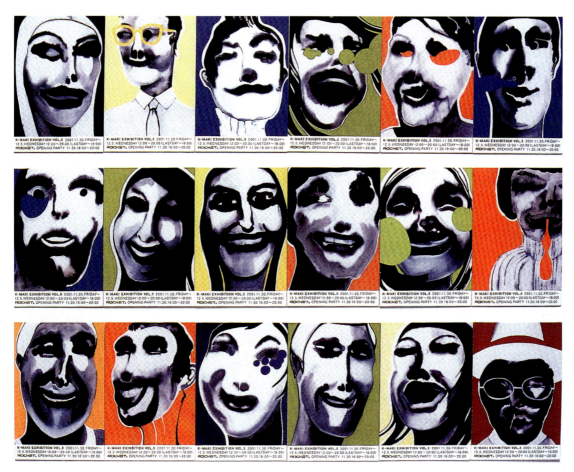

图4-34　主属于统一风格的系列广告设计

4.2.2 | 重复
协调而有节奏的画面

将图形符号或某种基本造型元素进行重复而有变化的构成,以此既达到丰富视觉变化的魅力,又不失单纯(图4-35)。

图4-35 重复图形构成的广告

4.2.3 | 集中
协调而有节奏的画面

集中由向心力和离心力构成。向心力具有收敛与统一的权威,离心力则有伸展与变化的特点(图4-36、图4-37)。

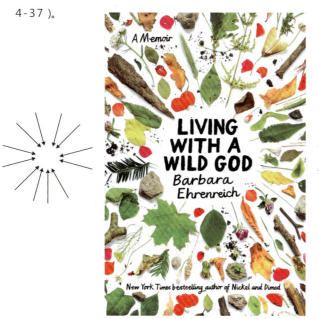

图4-36 向心力构成的广告画面   图4-37 离心力构成的广告画面

4.2.4 | 调和

视觉要素的协调与统一

宇宙万物都存在着既调和又对比的相互关系。有调和才有秩序，有对比才有生气。当一幅广告图形的局部与整体之间相互适合时，自然和谐的美感就能成立；当局部与局部之间相互呈现出视像上的对比时，彼此不同的特性更为显著。调和与对比不仅易于产生视觉认知，更能影响形态表现。在广告图形表现中常用的调和主要包括形状、色彩及空间位置的调和。

4.2.4.1　形状的调和

例如，大小、多少、轻重、精细度、长短、水平垂直、集中扩散等（图4-38、图4-39）。

图4-38　形状的调和　　　　　　　　　　　　　　图4-39　风格的调和

4.2.4.2　色彩的调和

例如，明暗、深浅、光影、清浊、冷暖、强弱、艳素等（图4-40）。

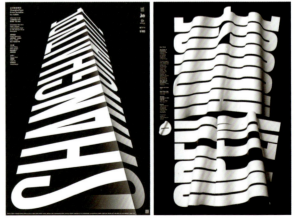

图4-40　色彩的调和　　　　　　　　　　　　　　图4-41　空间位置的调和

4.2.4.3　空间位置的调和

例如，动静、快慢、前后、上下、左右、向心、离心等（图4-41）。

4.2.5 | 对比
一种特殊的协调方式

对比是把对立的意思或事物、或事物的两个方面放在一起作比较，让观者在比较中分清好坏、辨别是非。广告创意中的对比手法，就是把事物、现象和过程中矛盾的双方，安置在一定条件下，使之集中在一个完整的艺术统一体中，形成相辅相成的比照和呼应关系。运用这种手法，有利于充分显示事物的矛盾，突出被表现事物的本质特征，加强广告的艺术效果和感染力。

4.2.5.1　改变比例尺寸——大小对比

根据观者的视觉经验，某个事物的大小在人们的心里已经存在一个固定的比例尺寸，如果突然把这个比例打破，就会产生强烈的视觉刺激，让人们过目不忘。经常采取的手段包括把原本尺寸巨大的事物变小，或把尺寸微小的事物变大等（图4-42）。

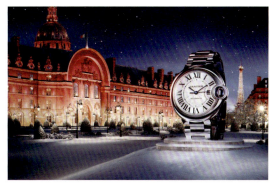

图4-42　改变比例尺寸产生的视觉效果

4.2.5.2　改变情节——情境对比

按照顺向思维，人们对一件事情的判断总是依据经验获得。例如，老鼠一定害怕猫，这是生活中自然规律作用于人们心理所造成的独特心理判断。在广告创意中，设计师往往发挥想象，改变这种定向思维所带来的固有情节，产生新奇、独特的情节意境，因而给观者带来独特的视觉感官效果（图4-43）。

图4-43　情境对比

4.2.6 | 韵律
快慢强弱的节奏韵律表现

一切不同要素有秩序、有规律的变化均可产生节奏韵律美。在音乐舞蹈中，节奏韵律表现为一定的节拍、快慢和强弱。在广告图形中节奏韵律表现为形态的强弱大小、色彩的浓淡寡艳、视觉的反差对比以及肌理的粗细亮暗等。在图形构成中，韵律主要表现在以下方面。

4.2.6.1 重复

重复即对单纯元素作出不同秩序、规律的重复变化。反复是构成韵律美的基石，韵律的形式主要贯穿于反复之中。在视觉艺术中，其形态、色彩、线条诸要素均可在反复中显示韵律美的特征。例如，单一的线形态扩展到点、线、面、色等综合构成效果时，韵律美的形式法则就起到了关键性的作用。只有使被设计的作品拥有韵律关系的和谐性与秩序感，作品的整体美才会有高度的艺术感染力。在广告设计中，韵律美的形式法则是通过某些单一的形态在反复构成中形成强烈的韵律效果的（图4-44）。

图4-44　重复

4.2.6.2 渐变

渐变即对单纯元素按顺序进行疏密、方向、大小、形状、色彩等组合编排，以构成渐变性的韵律感。韵律美感形式的特征在于反复，即一个形态或一组形态在作品构成过程中不断地重复出现。然而，韵律作为一种形式法则在平面设计中的运用，往往还要考虑其他形式美感上接近或相关的视觉因素，并且与之联成一个视觉整体而起作用，这样，韵律形式才能最大限度地展现其美感价值。与韵律形式并存，且有着类似美感效应的表现因素是渐变（图4-45）。

图4-45　渐变

4.2.6.3 起伏

起伏即按照一定的规律重复连续的律动形式，是通过画面构成中的各要素按照连续、大小、长短、明暗、形状、高低等所做的规则排列形式来表现的，例如：形状和大小相同的图形重复、图形位置变化的重复、文字的重复、文字内空白的重复等（图4-46）。

图4-46 起伏

4.2.6.4 辐射

辐射作为一种视觉形式的概念，吸收了空间表现的因素。这种因素使得辐射必定有它的发端中心，就像太阳闪光的景象中，太阳就是置于宇宙空间使阳光射向四方的光源体一样。可以说韵律与辐射相结合，无形中在我们的设计经验中形成了一种视觉上的模式，这一模式反映出的关系使得辐射的美感必然体现出韵律的反复特征，而韵律的作用又使得辐射借助渐变的手法把自己凝固于由近到远有一个向纵深发展的韵味性势态之中，从而为我们的视知觉提供了一个富于张力的韵律形式。

辐射形成了独特的韵律形式，其美感强度是可想而知的，其强烈的刺激效应使我们常常将其运用于设计画面的重要部位，甚至有时把这种视觉模式与作品创意融为一体，使作品具有一种其他美感形式无法取代的表现强度（图4-47、图4-48）。

图4-47 辐射骨架

图4-48 辐射框架的广告设计

4.3 广告图形创意设计方法

广告创意是高智慧的劳动，要产生优秀的广告创意就要打破传统观念对想象力的束缚，不断改变思维方式，不同的思维方式往往会产生迥然不同的思想结果。图形，就是指广告中的图形设计元素。当代著名设计大师马蒂斯曾说过："一幅优秀的设计作品，应该是靠图形来说话，而不是色彩的渲染和文字的注解。"一语道出了图形在整个广告设计中的重要性，即能够在最短时间内吸引观众的注意力，继而突破语言和文字的障碍，引导观众进行思考和感悟。可以说图形是广告创意的灵魂。

4.3.1 空间感
二维平面上的虚拟三维空间

视觉设计中的空间感是一种对真实世界的深度的感知，它能够让作品突破二维画面的限制，增加画面的表现张力和视觉冲击力。传统平面设计也曾尝试在二维平面之上营造空间感，通过对点、线、面、图形和色彩的重新运用，依照几何透视和空气透视原理，在平面之上营造大小、虚实、远近的变化，从而给人带来三维空间的立体化视觉观感。空间感广告设计作品中，不是简单地通过空间透视、位置叠加来展现，而是从图像出发，通过色彩对比、深度分离以及空间语境为受众带来多维化的空间观感。这种基于图形创意表现空间感的设计方法，为多维化平面设计带来了启示。

欧洲平面设计大师冈特·兰堡的招贴作品就展现了强烈的空间感。冈特·兰堡坚持运用最简单的视觉形象表现画面的韵律感、层次感，通过对实物摄影的再创作在二维平面上展现画面深度，传达作品的深刻内涵。他善于运用色彩展现空间和层次上的变化，将整体与部分、主体和元素进行分离。"土豆"系列作品充分展现了色彩在营造空间感上的作用。该系列的每个招贴都以土豆作为表现主题，将它们以削皮、切块、穿插等不同的方式处理，并用高纯度的色彩进行区分，通过黑色的背景衬托出了土豆各部分之间的紧密相连，强调了部分与整体在空间上的位置关系（图4-49）。在这种处理手法下，鲜明的色彩对比使画面更具视觉冲击力，整体与部分的特殊关系又展现了画面的纵深感，吸引受众努力发现隐藏在画面中的多层次的空间感。

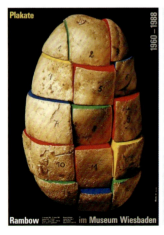

图4-49 "土豆"系列广告设计（冈特·兰堡）

冈特·兰堡还经常在画面中将同一实物置于不同的空间语境中，为受众营造出两种完全不同的空间感受。具体来说，这种方法将画面上某个实物中的视觉元素抽离出来，使它能够跳出原有的空间语境，在光影的作用下与背景形成另一种相异的空间效果。冈特·兰堡为费舍尔出版社设计的"书籍"系列海报就充分运用了这种方法。"人的手""握住的笔"以及"灯泡"是书籍封面中的图形元素（图4-50），冈特·兰堡将它们从书中进行了抽离，并放在了背景的空间语境当中，创造出了奇妙的视觉观感，让人回味无穷。在那个数字处理技术并不发达的年代，冈特·兰堡通过摄影手法回归平面设计的本源，利用光与影为受众营造了多维化的空间转换效果，拓展了人们的空间想象能力（图4-51、图4-52）。

  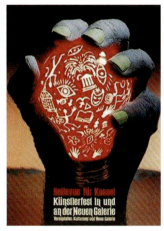

图4-50　冈特·兰堡为费舍尔出版社设计的"书籍"系列海报

图4-51　突出空间感的广告设计（1）

图4-52　突出空间感的广告设计（2）

4.3.2 立体化

平面空间中的体积感

"立体化"是广告创意设计中丰富视觉表现的一个重要手段,它用来形容事物的空间形态的转变过程,具体到平面广告设计则是广告形态由二维平面空间向三维立体空间变化。我们所生活的世界本就是一个**立体的世界**,人脑中对于真实的认知也是基于立体化世界的构建所完成的,因此,相比于二维平面的视觉语言,立体化的表现语言能够给人带来**额外的真实感**。

将平面广告进行立体化创意,本质上是让广告的表现内容与我们的现实生活产生联系,拉近受众与广告的心理距离,使广告信息的传递更具说服力。以相对平面为基础的广告进行**立体化创意**,是为了充分发挥平面设计语言的表现力与感染力,其设计特点在于广告表现中的每个元素可能并不位于同一平面形态之上,但是综合来看必须位于创意再现的立体空间之中。

简而言之,位于不同平面之上的视觉元素共同构成了多维化平面广告设计的视觉内容。这种立体化的平面语言让广告具有更强大的视觉性,让受众能够在空间当中全方位、多角度地观察感知、感受创意带来的思维上的多维体验(图4-53、图4-54)。

图4-53 利用计算机3D软件制作的立体广告文字(1)

图4-54 利用计算机3D软件制作的立体广告文字(2)

4.3.3 超现实
虚拟的真实感

所谓的"超现实",其词语来源于欧洲,主要运用在文学、舞蹈等艺术领域,在后期的发展中,逐渐进入到其他行业,并受到了众多设计师的追捧。

超现实是一种**精神领域的跨越**,就是人们思想解放的表现,通过人们精神世界的改变,达到对文化所体现的价值的改变。而超现实在现实精神世界中不受到客观世界的影响。其中,"移花接木"的形式就是超现实主义的一种表现,其表现为将不同性质的事物关联到一起,让其**形象和精神发生转变**,表现成为一种再生的形态(图4-55)。

而广告领域的设计师,看中了这种再生形态,并通过自己创意,将其形象地展现在观众面前,从而达到对内容的一种创意传播,强化对信息的传递手段和力度。

图4-55 超现实广告画面

4.3.4 视错觉
错误的真实感

视错觉是指观者在自身心理因素或外界因素的干扰下，对所看到的图形产生与外界现实不符的错误观感，这种**错误的感知**和判断是受众基于**经验主义**或**不当的参照**所形成的。视错觉的合理运用可以给平面设计带来**空间维度的变化**；同时，赋予受众观看的主动权，更能将他们的注意力吸引到作品当中，从不同角度、不同层次解读画面信息，产生更丰富的心理维度拓展。

日本的平面设计大师福田繁雄就善于运用视错觉进行图形创意，为平面设计真正走向立体化提供了宝贵的经验与指导思路。福田繁雄的广告设计以创造超越视觉的感官体验为核心，通过设置精妙的视觉元素、把握精准的细节位置，同时统筹整体的画面风格使招贴作品达到最佳的观看效果。在他的作品中大量运用了图底反转的表现手法，即通过运用正负形重新把握图底关系。这种设计方法能够使图形之间产生我中有你、你中有我、虚实结合的特殊效果，使得同一幅作品包含了双重意象，还将二维空间推向了多维化的立体空间。受众以不同的视角来观看作品可以看到不同的图底关系，从而接收到完全不同的画面信息，产生新奇的视觉观看感受。从中我们还可以获得另一个启示，创意需要充分调动受众的逻辑思维能力，让受众对于设计作品握有主动权。

例如，福田繁雄为日本一家百货设计的招贴作品中，他巧妙地将男女的腿用黑白正负形展现，描绘了特殊的图底关系，创造出简洁而有趣的视觉效果（图4-56）。

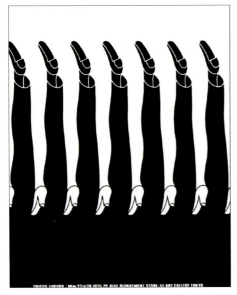

图4-56　1975年，福田繁雄为日本京王百货商店设计的广告

福田繁雄还将矛盾空间的概念引入到了招贴设计当中，运用错视原理使招贴的画面内容超越平面维度的界限，营造出奇幻的视觉空间效果。这种方法抓住受众寻求视觉平衡感的惯性心理，给人模棱两可的视觉观感，产生空间错乱感，在欣赏招贴画面的同时感受作者的创作意图。设置矛盾空间不仅丰富了画面的表现层次，拓展了招贴设计的空间维度，更能够让受众对于作品产生更多的思考与解读，拓展了他们的心理维度。例如福田繁雄为日本一家百货集团设计的招贴作品，通过呈现两个不同视角的人形，在同一幅画面中展现了两种相异的空间效果，由此产生了视觉上的悖论，带给人独特的心理趣味（图4-57）。

4.3.4.1　艾宾浩斯错视

艾宾浩斯错视是一种对实际大小知觉上的错视。在最著名的错觉图中，两个完全相同大小的圆放置在一张图上，其中一个围绕较大的圆，另一个围绕较小的圆；围绕大圆的圆看起来会比围绕小圆的圆还要小（图4-58）。

4.3.4.2　加斯特罗图形

两扇形虽然大小形状完全相同，但是下方的扇形看似更大（图4-59）。

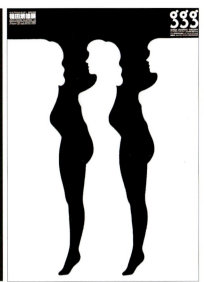

图4-57　福田繁雄的广告

4.3.4.3　弗雷泽图形

英国心理学者弗雷泽于1908年发表。这一图形是一个产生角度和方向错视的图形，被称作错视之王。漩涡状图形实际是同心圆（图4-60）。

4.3.4.4　赫林错视

两条平行线因受斜线的影响呈弯曲状，此种错视称为弯曲错视（图4-61）。

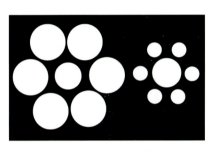

图4-58　艾宾浩斯错视

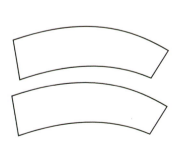

图4-59　加斯特罗图形

图4-60　弗雷泽图形

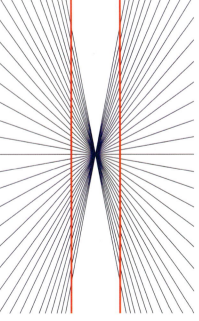

图4-61　赫林错视

4.3.5 图形同构
全新的图形

最早提出"同构"一词的是美国著名的美学家阿恩海姆。"同构"作为一种心理美学理论被逐渐应用到各方面中。在广告设计中，同构手法是指将具有一定内在联系的不同的视觉元素进行解构重组，以形成一种全新的图形。

4.3.5.1 相同中的不同——同形同构

同形同构是指选取两种或两种以上相同性质的事物的其中一部分，运用重复等手法重新组成具有相似形态的表现形式。同形同构中多是通过一种元素作为基本元素，打破局部特征进行重复变化后组成新的形态，图形之间轮廓基本相同，但又有丰富变化。

同形同构将图形独具匠心地巧妙结合起来，就能得到意想不到的效果。需要设计者对生活和身边事物有敏锐的观察力，从而把人们熟知的形象通过创新的组合建构，赋予普通形象以全新视觉内涵。同形同构的图形注重结果，各种视觉元素以一种**看似真实、实则荒诞**的形式巧妙组合成一个新的视觉形象（图4-62），给人们造成一种视觉惊喜、愉悦或传达一种新的意念，带给人们强烈的震撼和吸引力（图4-63、图4-64）。

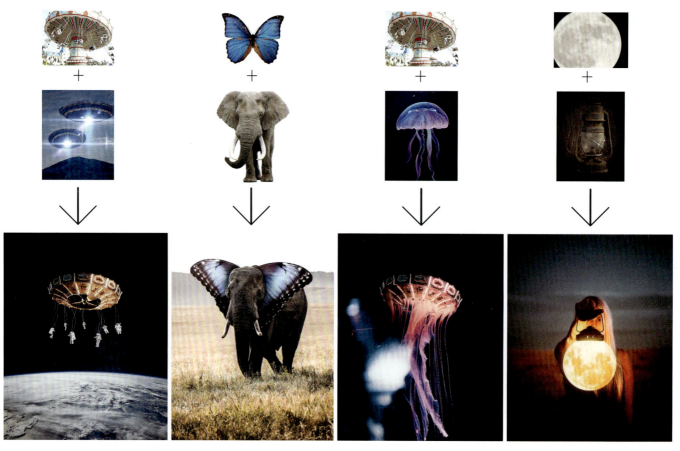

图4-62 同形同构

图4-63 同形同构广告创意思维过程

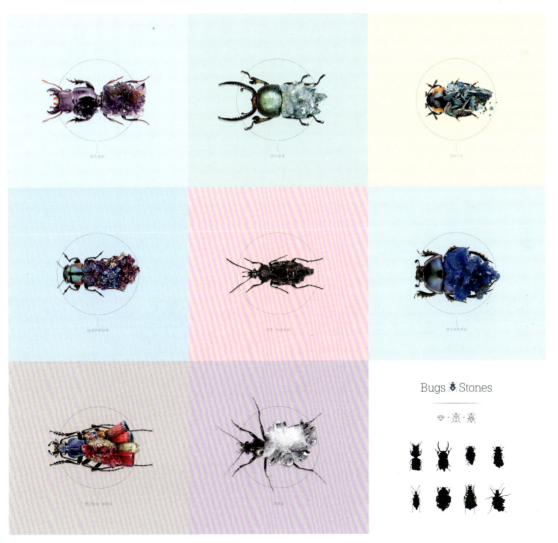

图4-64 同形同构广告设计——Bugs Stones

4.3.5.2 不同中的相同——异形同构

异形同构是指将**不同类型**的图形以同一种结构巧妙地融合在一起，产生一种**特殊的视觉表现效果**。这种方法打破了不同图形之间形的束缚，使二者通过某一种结构产生关联，追求意象上的相融（图4-65）。受众在观看作品时，首先会从形的角度整体把握画面内容，然后会再将它打散来看，结合每个图形各自的意象理解作品所要表达的主题。

异形同构注重**形与形之间的组合、结构关系**以及对**画面整体结构**的经营。它的重点在于同构，重新构成并使图形体现创新和谐的理念，更多地带有设计者的主观意识。对于这类图形的要求所采用的形象素材要有针对性并具体化。这是广告创意中最典型的以综合形态来表达综合含义的构形手法。它将幻想与现实结合，揭示对事物深层内涵的理解和感悟，并以强烈的视觉表现力对创意主题起到"一语双关"的作用（图4-66~图4-69）。

例如，在德国设计师金特·凯泽的招贴作品中，画面主体形象是一个小号，创意之处在于小号的金属质地由茁壮的树干替代，并缠绕着开着娇艳热烈的花朵的枝丫藤蔓，寓意着音乐节的浪漫、热情和欢快的节日氛围。画面使人过目不忘，留下深刻的愉悦体验（图4-66、图4-67）。

图4-65 异形同构设计

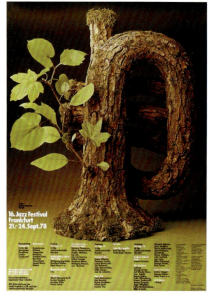

图4-66 "法兰克福爵士音乐" 金特·凯泽（1978年） 图4-67 "爵士乐生活" 金特·凯泽（1969年）

图4-68 异形同构设计

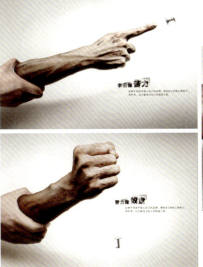

图4-69 异形同构广告设计

4.3.5.3　正形与负形的不同——图底同构

"图""底"同构亦称"正负形同构"。

正负图形亦称"反转图形"或"卢宾"图形，因为著名的"卢宾之杯"（图4-70）而得名。图底同构也可以看作图底关系，"图"和"底"可以相互转换。正形在整个画面中占主导地位，视觉冲击力较强，是画面的主要表达元素；负形一般起背景和辅助作用。正负之间是相辅相成的，当正负图形转换形成一定规律时，便会出现**循环的节奏感**，通过循环的过程将一个物形转换为另外一个物形，并使之看上去合情合理（图4-71、图4-72）。

图4-70　卢宾之杯

图4-71　图底同构广告设计

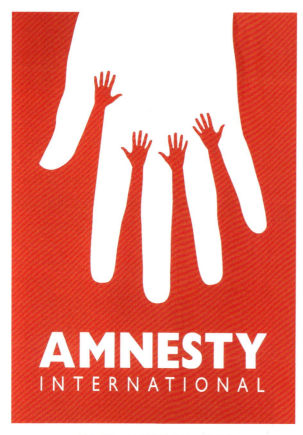

图4-72　反战招贴设计　雷又西

4.3.6 置换
移花接木的视觉游戏

客观事物均按其自然的或现实的逻辑组合，形成**特定的结构关系**，这种司空见惯的关系传达着事物自身固有的意义。图形表现中的置换手法，就是通过对广告中表现的物象进行彼此间部分图形元素的"偷梁换柱""移花接木"，在视觉上出现**异常的组合图形**，从而创造出人们意料之外的视觉感受和心理效应。这种对物象元素的置换无疑破坏了原有事物间的正常逻辑关系。在此，我们的重点是寻找置换和被置换物象元素的某种结构或意义上的内在联系，并创意出新的组合关系，将图形的表形功能置换于荒诞性之中，将图形的表意功能结合于统一性之中，形成以异常求正常，以图形的不合理性求传达合理性的效果。

置换的方法也可以称作为"**元素替代**"。设计思维要出现"质"的变化，以图形形态上的变异促使设计理念升华。例如，在霍尔戈·马蒂斯的芭蕾演出招贴《天鹅湖》(图4-73)中，主体图形是一个天鹅形象，却生长着芭蕾演员的灵动长腿，使人看过图形即产生经典芭蕾舞剧天鹅湖的联想，将芭蕾演出的美的内涵和真意表露无遗。图形简练单纯，传达的信息简洁有力。

通常，以生活中的各种物形作为构形要素表现的置换图形，其本身的内容会因异常的组合而突出和转化，在视觉设计中传达某种特定信息。这种超常、新颖的视觉构形方法，可以显现出更为深刻的寓意并对观者的内心产生强烈的视觉冲突(图4-74)。

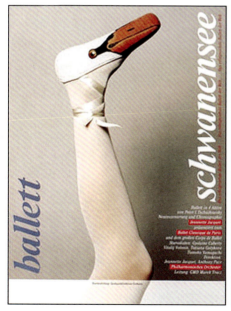

图4-73 芭蕾舞《天鹅湖》广告
霍尔戈·马蒂斯

图4-74 "果真"广告设计

4.3.7 | 夸张

在广告视觉表现中的夸张是指针对平面广告的画面、图形、形象以及画面构成要素等，采用**扩大**或**超出事实**的描述或渲染，从而吸引受众注意、传递广告信息的表现手法。夸张表现是吸引人眼球的最有效的手段之一，创造出与人们以往经验不同的视觉感受，使广告具有了非同一般的张力。

广告夸张是一种**故意言过其实**，或**夸大**，或**缩小**事物形象，借以突出事物某种特征或品格，鲜明地表达思想或情感的修辞方式。事实上，夸张不仅在文学作品中被广泛地应用，这种手法也常常被借用到广告的创意表现中来，成为突出广告诉求、吸引受众注意的重要表现手段。夸张表现是通过对广告图形作一定的变形处理，可以是**局部**的也可以是**整体**的变形，从而改变人们对物象固有的、常态的看法，达到刺激和吸引视觉注意的广告传达的目的。

4.3.7.1　形态夸张

形态夸张是指对广告中的视觉形象通过**变形**、**扭曲**等方法，塑造出受众完全陌生的或不熟悉的形象，以此吸引受众的注意，达到强化和突出广告的诉求点的效果。形态夸张广告的最大特征是对视觉形象的超常规的塑造，广告的形象是生活中不可能存在的事物，从而制造出受众刹那间的惊奇（图4-75）。

图4-75　通过视觉形象的变形、扭曲达到夸张的视觉效果

4.3.7.2　极量夸张

主要是指将广告**产品的属性**、**特征**在量的程度上尽可能做极限放大或缩小、强化或减弱的一种夸张手法。例如，缩小式的极量夸张手法，这种手法通常会用在产品的节能、安静、轻便、精致等特性上（图4-76）。

图4-76　通过夸张手段达到增强画面的视觉效果

4.3.7.3　情节夸张

通常不需要在广告视觉形象本身上做特别的处理，而是在广告视觉形象呈现的场景、时机上做出不同于常理的表现。情节型夸张实际上即是利用视觉形象的不同情景，事件的嫁接、组合而造成强烈的效果（图4-77）。

图4-77　情节夸张

4.3.7.4　因果夸张

指因产品的某一特质的卓越性能，而产生超出人们意料之外的结果。实际上，因果型的夸张手法并不需要针对产品本身形状进行任何艺术性的夸张表现，而只需将产品特质所带来的结果进行渲染和强化（图4-78）。

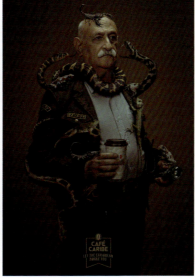

图4-78　CAFE　CARIBE广告（广告语：让加勒比叫醒你）

4.3.8 减缺

减缺表现即用单一的视觉图像去创作**简化图形**，使图形在减缺形态下，仍能充分体现其造型的特点，并利用图形的**减缺、不完整**，强化想要突出的主题特征，激发观者的想象力，使其流露出新的意义。减缺表现主要依赖人们的视觉惯性和视觉经验（图7-79）。

尽管所要描绘的物象已被概括、抽象或不完整化，但由于保留了其中一些基本特征，使观者在看到这种形象时，会自觉地根据现存的模糊、不完整的造型从记忆经验中搜取既有相关视觉特征的形象，将其补充完整，形成特指的具体形象。减缺表现可以达到**以少胜多**、以一当十的效果，并可引导观者进行无限的思考。

图 4-79　减缺

4.3.9 仿曲

仿曲图形就是给一种物形施以压力，迫使其产生**弯曲变形**。这里指的是物体具有可能弯曲的特性和在人们观念中**不可能弯曲**的物体。能够以机械力弯曲的物形运用在招贴设计中，观者会认为不足为奇，然而，在人们观念中不可能弯曲的物形通过二维平面的描绘后，不但令观者惊奇，还会因其摹真的描绘而产生迷惑。

在广告创意中，对三维立体真实物形施以机械力产生的仿曲图形和利用弯曲特性而描绘出二维平面的仿曲图形，经常出现于各类广告中。可以说，二维平面的仿曲图形是一种**假设**的、**虚幻**的，但它可以描绘得非常逼真，让观者以为看到的是真实的物形，在迷惑之中不能不信服这种不可能的仿曲图形确已展现于面前（图 4-80、图 4-81）。

仿曲图形给人以**荒诞**的视觉效果，尤其在生活常规中，有些不具有弯曲特性的物形通过仿曲设计在二维平面上的描绘，显现出具有三维立体的仿曲图形视觉效果。这种二维平面与三维立体的转换，确实能产生难以想象的奇异神趣。

某种物形的内在张力和特性常通过弯曲而获得，然而使一个二维平面的物形看上去具有三维立体特性，是仿曲图形不可缺少的表现方法。三维立体感的表现除阴影、透视可以获得之外，仿曲图形构形方法同样也可以获得像卷曲的纸等物形的视觉效果和特性。

仿曲图形的表现，往往是通过观者在对以往经验的联想中寻求到的。在一幅通过二维平面描绘成的具有三维立体感的枪管弯曲或一只弯曲了香烟的仿曲图形中（图4-82），这种奇特的构形方法当归功于物形本身所具有的视觉特性，另一方面还要归功于这些物形的弯曲偏离了那些人们观念中早已形成了的物形固有结构。

图4-80　仿曲图形（1）

图4-81　仿曲图形（2）

图4-82　仿曲图形广告——吸烟有害健康

4.3.10 | 仿结

　　仿结图形的构形方法就是通过借助一个与原有物形相异（但又保留原物形特性）的物形来替代常规中所显现的物形，使之获得一种新的特殊的物形。同时，它也可以使几种意义同时存在于一个仿结图形之中，以便利用有限的空间在视觉上**传达多义**和**叠加信息**，获得独特新颖的视觉效果（图4-83）。

　　仿结图形正是利用在视觉传达中**无法替代的特殊性**得以存在。仿结本身没有什么特殊意义，它主要是通过意义的转换来展现**物形的特性**并**传达信息**。如足够柔软的绳，你可以使之弯曲成结，这是完全可能和十分可信的。然而将没有足够柔软或在人们观念中不可能成结的物形弯曲成结，在常规观念中就显得不可思议、难以理解了。而仿结图形确实可以使你相信，任何物形都能成结，不管是足够柔软的物形还是硬度很强的物形，都可以通过二维平面得以展现。

　　人们都知道枪管是钢制的，通过人的手无法弯曲成结，即使是通过机械力使之弯曲成了结，在通常观念中也没有任何意义，你还可能认为那是一种破坏。然而，通过意义的转换后，又可以赋予这支成结的枪以矛盾的特性，如对和平强烈的渴望。这支成结的枪除给观者以惊奇、迷惑和无法想象之外，在视觉传达中它可以准确、灵活地传达某种特殊的信息（图4-84）。

图4-83　仿结　　　　　　　图4-84　联合国总部门前雕塑——《和平》　　　　　图4-85　"反战"广告设计　佐藤

　　此外，仿结图形在具体的表现上，可以将三维立体的物形通过二维平面的描绘产生，也可以纯粹在二维平面中表现二维平面的仿结图形或在二维平面中表现具有三维立体特性的仿结图形。换言之，仿结图形构形方法可以超越材料、空间的限制，通过任何手段来表现（图4-85）。

4.3.11 | 断置

断置图形展现是利用物形的**中断**和**分离**而获得的。把某种特定的物形中断、分离成不同的层次和分形，这些层次和分形又进而组成一个不同等级的排列，形成奇特的断置图形，既有原物特征，又组合成为新的形状。断置图形最基础的中断、分离，是把整个物形的部分形状确定下来，这些被中断、分离出来的分形又进一步分离，成为较小的物形形状。广告设计师们的创意，就是使这些分离部分产生内在联系，以保持所要表现的物形的完整性，达到形与形之间的相互协调。

把人们观念中不能断开的物形有意中断、分离，在各个不同层次上形成由一个或几个分形构成的完整物形，即使分形之间的位置存在一些差异，也不会造成物形的不完整。一只手臂像树木一样折断在你面前（图4-86），一把进餐的叉子折断在盘中，这种生活中不应断开的物品在你面前出现，确实展现出一种新奇的观念。

断置图形只有在那些被分离出来的形状简化时，才可能有效地吸引观者注意。在一些断置图形中，整幅图形的层次是围绕某些特定的、封闭的分形建立组合的，这些分形的独立性与整幅图形分不开，以致使它与整幅图形变成一种支配关系，能确定物形的某一部分而不受其他部分影响。大多数断置图形在构形时，都要对一些断开的形状简化并加以限制，使断开的物形在某种程度上具有一种意义上的完整性，以便使它们依赖于其周围的另一个形状或与周围的其他形状达到完美的结合。也就是说，几个断开的形状依附在整体的物形中才具有意义，孤立它们，就像一个中间被打断的音节一样，会失去任何意义（图4-87）。

图4-86　断置图形招贴设计
霍尔戈•马蒂斯

图4-87　断置创意广告设计

4.3.12 | 仿透

现实生活中的许多事物都会给设计师以提示和灵感:假如衣服破了,需要用针线穿透衣料缝合完好;你可能会在一堵墙上打穿一个洞,把水管从这个房间接到另一个房间。在通常的观念中,这只不过是生活中一些普通之事,但在设计师眼中,这都是可以巧用的构形方法。广告设计中,仿透图形就是利用一物形**穿透**另一物形的构形方法并加强、突出这一特性,**在平淡中产生惊奇的视觉效果**。尤其是当一个在人们生活中不可能存在的一物形穿透另一物形的现象被描绘得足以使人相信那是真实的时候,观者会更为惊叹仿透图形所展现的奇效(图4-88)。

仿透图形一般有两种展现方法,一是二维平面的展现,另一种则是三维立体的展现。在二维平面中,常常利用省略物形的细节轮廓和线条展现物形,虽然观者看到一物穿过另一物的奇效,但由于是二维平面的描绘,所以并不认为那是真实的。而三维立体的展现,由于描绘得非常逼真,常常会欺骗观者的眼睛,会相信这种现象是一种客观存在。数码摄影技术、各类计算机软件在广告设计中的应用,也极大增强了仿透图形的真实感和视觉传达的生动性(图4-89)。

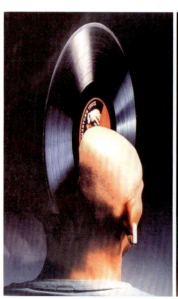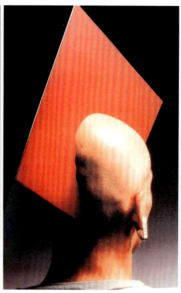

图4-88 仿透图形广告设计 冈特·兰堡

图4-89 仿透——计算机图形设计

4.3.13 | 混维

一般说来,对物形的描绘都是要求在二维平面上展现三维立体的物形。这主要是由于它必须通过透视、遮叠、明暗、色彩的差别等方法来实现。除剪影、平面几何构形方法外,原则上都是如此。二维平面的三维立体化除摹真的描绘外,还有些颇有意趣的**纵错三维立体化**的展现:在二维平面纸上,依据描绘,展现出具有超现实的平式和竖式维度的合为一体的三维立体物形。

相反,也可以将三维立体的物形二维平面化。最常见的要算是剪影,它只有物形的轮廓影像,而没有物形的深度和厚度。不过,这种自远古至今人们一直应用混维图形的构形方法是比较简洁、自然的,没有加入更多令人感到具有奇特意趣的创意构合(图4-90)。

图4-90 混维

在现代广告设计中,混维图形的构形方法变得比较复杂了,它更为**奇特**,不但吸引观者的注意力,还显现出令人深思的创意。正常空间彻底**解体**,展现了梦幻的视觉效果。二维平面与三维立体的**转换、组合**,使具象与抽象、主观与客观构合了一个趣味无穷的混维图形世界(图4-91)。

图4-91 混维广告设计

4.3.14 | 趣味

广告的目的就是为了能够让产品通过画面和文字的方式表现其功能性，虽然版面有限，但是为了能够引起大众的注意，一定要在有限的平面空间上，让产品更具**趣味性**，从而留给观看者深刻的印象。趣味的创意方式以**幽默、夸张**的手法，将一组产品通过更加风趣的方式表现出来，从而有效地激发大众对广告的认知以及情感上的共鸣，通过风趣的展现方式，让观看人员**发自内心地愉悦**。

在广告创意方面，设计师可以尝试通过各种创意策略与观众建立联系，像激动人心的情绪、造型吸引人或呈现现实片段这些策略。然而，幽默广告往往是最令人难忘的，它用这种幽默的方式使人发笑，这不仅容易与观众联系起来，还会让他们谈论、分享和积极思考这个品牌的价值。

4.3.14.1　积极的情绪反应——幽默的趣味

心理学上，幽默被定义为能够引发乐趣的一种有意识的行为技巧。如美国心理学家特鲁·赫伯（True Herb）认为："幽默是指一种行为的特征，能够引发喜悦，带来欢乐或以愉快的方式使别人获得精神上的快感。"美学意义上的幽默是以轻松、戏谑但又含有深刻的笑为其主要审美特征。

幽默是创意广告中最为常见的一种趣味类型，这种趣味给受众心理和生理上的感受最为**直接**，往往也能够产生更为**积极的情绪反应**，伴随着笑声的观看体验有助于和受众的沟通，作为广告中的情感诉求的幽默最易化解受众对广告的负面情绪。

① 表情的幽默。通过画面中特定人物形象的夸张表情，给观者带来幽默的视觉意象（图4-92）。

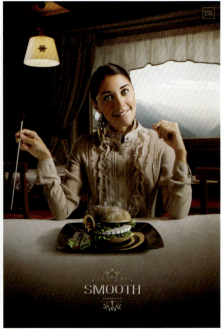

图4-92　表情夸张所产生的幽默效果

② 情节的幽默。通过特定虚拟、荒诞的情节，使观者产生幽默感，进而加强广告画面的生动感（图4-93）。

图4-93 由荒诞的情节所产生的幽默

③ 场景转换的幽默。在广告幽默的表现形式中，场景转换是指在原有所表现的场景概念的基础上反向表述概念或者延伸概念，而不是将原有场景概念或主题抛弃而偷梁换柱地投机，这样即使场景转换，但是它们的语意或者形态上还是相似的（图4-94）。

图4-94 场景转换产生的幽默

4.3.14.2 交互性的幽默——游戏与互动的趣味

游戏与互动的趣味是广告作品中最强调**交互性**的趣味类型（图4-95）。

第一类体现游戏趣味的广告来源于需要借助**推理**、**猜测**、**寻找**而获得主题的广告内容，受众获知广告主题或诉求的过程类似寻找出口的迷宫游戏。这类广告往往不直白地进行叫卖式的直接展示，而是有意藏匿广告叙事的线索（图4-96），通过解构、夸张、置换、隐喻等方式对广告进行较为复杂的编码，受众迂回得到广告要表达的核心意义。

游戏的趣味的第二类来源是广告中真实设置的**游戏**或**互动内容**。设置互动场景或交互技术手段使受众参与并获得惊奇或愉悦体验的趣味，互动场景多应用于人群较为密集的公共场所，如商场、车站等地（图4-97）。

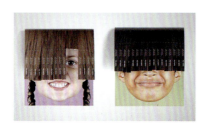

图4-95　户外互动性广告

图4-96　户外装置性广告

图4-97　互动性广告，幻影快递员

4.3.14.3 艺术与实用的结合——艺术与审美的趣味

关于广告是否是艺术这一问题一直争议不断。

由于广告明确或隐性的诉求是客观存在的,这种功利的目的决定广告不是纯粹的艺术(Fine Art)。但是,从广告的呈现方式和感知方式看,不管是视觉、听觉,还是视听的综合,都是处理声音、图形、色彩等各要素的关系,并**按美的规律进行创造的过程**。因此,广告是实用艺术是毋庸置疑的,广告和其他艺术门类一样,需要**创意与构思、选择与提炼、设计与形象塑造、传达情感**以及**技巧运用**。

可以说,广告是艺术的一种特殊形态。这一类广告往往比普通广告更集中、更完善地体现了艺术创作的规律和艺术美的原则,审美主体在获知广告主题的同时从中获得美的享受(图4-98)。作为审美对象的广告的第二个类别是有意模糊艺术与商业边界的艺术化广告,此类广告绝大多服务于在受众中有较高知名度、品牌忠诚度的中高端品牌。商家往往直接和艺术家合作,并给艺术家更大的自由去进行艺术表现。和一般商业广告不同,当代艺术家参与的广告作品仿佛并不在意广告传播的广泛性,而更在意其唯一性和艺术性(图4-99)。

图4-98 具有艺术审美趣味的广告

图4-99 独特的艺术趣味表达

4.3.15 | 互悖
无理而有趣

互悖表现是用**非自然**的构合方法，将客观世界人们所熟悉的、合理的和固定的秩序，移置于**逻辑混乱、荒诞反常**的图像世界之中，目的在于打破真实与虚幻、主观与客观世界之间的物理障碍和心理障碍，在显现不合理、违规和重新认识的物形中，把隐藏在物形深处的含义表露出来。如"克里特岛人说所有的克里特岛人都在说谎"，这是句让人困惑的话：如果说它是真的，它就是假的；如果说它是假的，它便是真的。这是哲学家们营造的悖论，无理而有趣。我们将悖论应用到广告图形创造上去，也会产生同样的效应。

4.3.15.1 反序

反序图形，指有目的地将客观物象进行秩序的错乱、方向的颠倒等处理，从而表述出新的寓意。

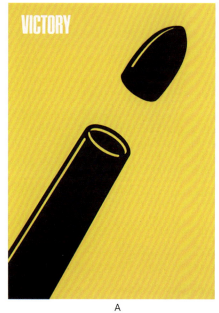
A

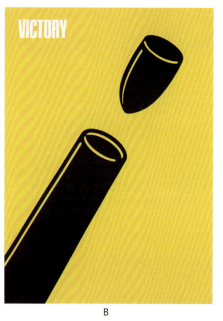
B

图4-100 反战广告，福田繁雄

? 请观察图4-100中A、B两幅图片，通过改变事件发生的顺序，画面所表达的含义是否亦发生了改变呢？

福田繁雄1975年设计的"1945年的胜利"这张反战广告，采用类似漫画的表现形式，创造出一种简洁、诙谐的图形语言，描绘一颗子弹反向飞回枪管的形象，讽刺发动战争者自食其果，含义深刻（图4-100）。这张纪念二战结束30周年的海报设计，获得了国际平面设计大奖。其设计作品中的这种幽默、风趣，均能带给观者一种视觉愉悦。

4.3.15.2　无理

无理表现指事物都有真实的客观存在，但广告创意作为艺术的再创造，设计师可以对现实进行大胆的想象，将不现实的化为现实；将不可能的化为可能；将不相关的变为相关。凭借想象，挖掘图形创造表现的可能性及由此而产生的新意义（图4-101）。

图4-101　安全驾驶广告（广告语：在开车前，一定要保持冷静）

4.3.15.3　矛盾空间

矛盾空间指在二维平面上表现三维现实空间不可能存在或不可能再现的视觉幻象，富有情趣。将原来正确的物形结构进行错误的连接搭配，形成不可思议的非现实形态。矛盾空间表现出的是一种怪异、荒诞、扭曲的超现实空间形式。矛盾空间图形是利用一种不合理的空间表现方式和连接形式所创造出的一种虚拟空间，这种空间形式放在二维平面空间中看似合理，但在三维立体空间中则是完全不合理的，也是不可能存在的。矛盾空间同构图形能使静止的图形在视觉中产生忽上忽下、飘忽不定的变幻效果，使观者产生更多的遐想空间（图4-102、图4-103）。

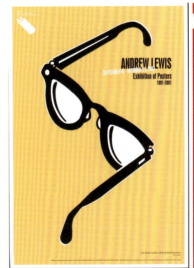

图4-102　矛盾空间的广告设计（1）　　图4-103　矛盾空间的广告设计（2）

4.3.15.4 隐歧

隐歧图形突破了常规**思维限制**，在一些景物中就势趋形地置入各种物形。观者可以主动选择、解读隐含于其中的图形。在不直接展现物形轮廓的情况下，隐歧图形常常可以获得**神秘**的视觉效果和传达信息的创意。

隐歧图形常呈现出一种非此非彼的**不确定性**，使物形本身隐含更深一层的寓意，展现一种奇特的视觉魅力。隐歧图形的构形方法一般有两种：一种是在单一物形或多种物形中，利用散乱的形状组成隐含于其中的特定物形，另一种是利用两种物形的边缘和两者之间的空间，显现某种特定的物形。此外，也可以利用光影若隐若现地组合出隐歧图形，或者利用省略物形的具体特征，如删去物形中具体形状、利用轮廓等来表现。由于两种物形的区别造成了模糊，因而其中基本的物形具有共性。通过这种共性，观者可以从中看到几种类似却又不同的物形，在记忆中找出与之相符合的物象，赋予其具体物形。隐歧图形在现代视觉传达设计中应用比较广泛。早在17世纪的欧洲，就已经出现了许多隐藏了人的轮廓或其他物形的隐歧图形构形方法。当时，在看来很普通的风景画中常隐含着很多故意安排的物形，被称为"画谜"，它作为一种构形方法曾流行一时（图4-104）。

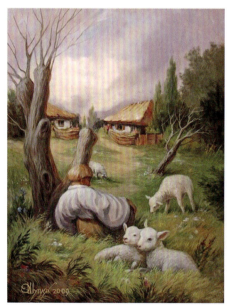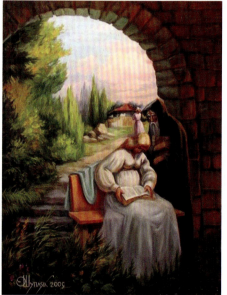

图4-104　隐歧图形油画
Oleg Shuplyak（乌克兰）

在现代广告设计中，隐歧图形作为传达信息的一种方法，已经脱离了早期作为一种游戏的"画谜"的局限，而成为一种特殊的表现手段。在广告中的品牌、插图等设计中，隐歧图形的应用相当普通。显然，这种以简洁的形状传达复杂信息的现代设计方法赢得了广大观者的肯定。

4.3.15.5 共像

共像图形是指形与形相互共用一些局部或轮廓线,当一方失去时,另一方也无法独立存在。它们相互依存,互生互长,由多个图形整合成一个不可分割的整体。共像图形的构成元素选择要巧妙、简洁,既要各自成形,又不破坏图形的整体感(图4-105、图4-106)。因此,共像图形在视觉上往往给人们一种无限循环的动感和趣味性,它传达出设计者对理想的不懈追求。

被称为共像图形典范之作的,是中国明代铜铸"四喜"像:四个童子共用两个头、四条胳膊、四条腿,各自的形体互相融入对方,互相借用,构成一个非客观存在的共形图形。因它给人以奇特的感受,故更具强烈的视觉吸引力(图4-107)。

图4-106 共生图像案例(2)

图4-105 共生图像案例(1)

图4-107 传统图案中的共像图形——"四喜"像

4.3.16 | 异影

异影通过对**影子**图形创意，使其成为不同于物象本身含义的图形。异影利用影子的造型反映物象的内涵，从而使画面**更具有创意**。在广告设计中，异影同构产生的情感让画面更具感染力，用生活中熟知的元素来表现特定场景更能引起人们对广告信息的关注，这样的画面很容易让观者产生联想。

异影图形通常将物象的影子用其他形象替代，替代物象可以是形态近似的事物或具有某种内在逻辑关联的元素，也可以赋予影子自主生命力等。设计师用影子语言丰富图形的视觉语言，传达特定信息，表现更富寓意的意念。广告设计中的异影图形应用十分广泛，影子的转换巧妙合理，简洁明了地直击广告主题，具有很强的视觉感染力（图4-108、图4-109）。

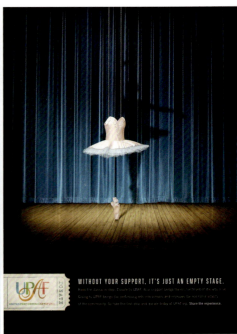

图4-108 异影图形的广告设计（1）

图4-109 异影图形的广告设计(2)

4.3.17 | 填充

填充图形的构形方法需要化多为一的**整体构形**观念。由于自然界的各种物形原本就是一个统一的机体，需要我们领会其各部分之间的相互关联、相互转化的关系，使其**有效、准确**地组成新的填充图形。填充图形不是凭空偶然产生的，它是在特定的限制中，借助视觉经验和知识的积累程度，突破时空的限制，根据其传达信息设计的需要而有目的地设计的。早期的填充图形大都是在一些规范的几何形状中或不规范的任意形中填入所需的各种各样的物形，通称"适合纹样"，也就是在一定形状内填入象征性的纹样，随形填入物形。中国原始社会时期的彩陶，就已应用了填充图形的构形方法，把纹样创造性地使用在陶罐形中，从而与陶罐形组成一个有机整体，既有整洁的外形，又有繁密的纹样，使整体形状新颖、别致。

在广告设计中，填充图形的构形方法逐渐被设计师所接受，应用非常广泛。由于填充图形大都是由两种以上物形重合而实现的，因而这种新的复合体显现出多重含义，在传达信息的同时，整幅填充图形具有很强的吸引力（图4-110）。

图4-110　英国电影学院奖广告

填充图形的广泛运用，在现代广告设计中得到了新的发展，并赋予其新的含义。填充的物形不仅限于二维平面的物形，而且在二维平面物形的基底中还能填入具有三维立体性的物形，或在三维立体物形基底中填入二维平面化的物形，使填充物形展现一种新的空间关系，即二维平面与三维立体融于一体，这两个特定的层次中出现一种矛盾的有机体。恰恰正是这种矛盾的有机体，成为吸引观者注意力所不可少的条件（图4-111、图4-112）。

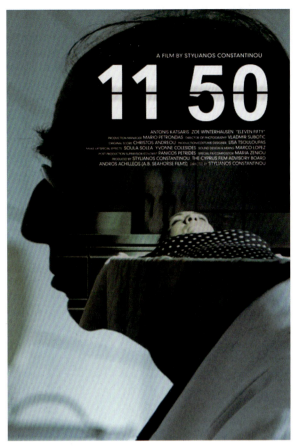

图4-111　填充图形案例（1）

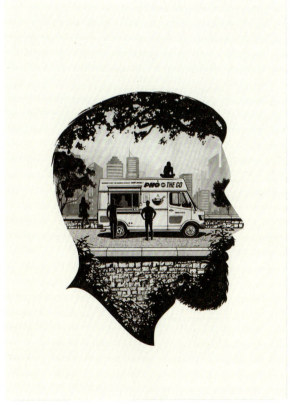

图4-112　填充图形案例（2）

4.3.18 延异

任何一个系统都有一个不断**演化的过程**，新系统的诞生是旧系统消亡的结果。从旧系统演化成新系统的过程中有一中性阶段，也就是既非新也非旧的阶段，亦可称为不确定阶段。这种**不确定阶段**恰恰显示出两种系统的关联性，既属于旧系统同时也属于**新系统**（图4-113、图4-114）。

早期延异图形的出现，大都是在类似一些"怎样绘画"和"绘画起步"的书中，不过是作为创作物形使之规简成几何形状，便于初学者易记易画的一个"诀窍"而存在的。如要画一个人的头部，首先画一个圆圈，然后逐步填入五官，再在五官上加入阴影等来完成，表现了一个圆圈演化成一个人的面部的全过程。然而，真正把延异图形作为一种表现物形特殊性的构形方法的是荷兰画家埃舍尔，他在一幅题为《昼与夜》的作品中，充分利用了延异图形的构形方法，画面表现了田野、小镇、河流、飞鸟等自然景色，通过黑、白、灰色块组合画面。画面左边白色的天空向右推移演变为白鸟，右边黑色的天空向左推移演变为黑鸟，黑鸟、白鸟在演变中相互衔接，同时从下到上，通过灰色的渐变，大地的灰、黑色块各变成了天空中黑鸟、白鸟。作品构思巧妙，寓意深刻（图4-115）。

电子计算机的高速发展，开拓了过去未曾见过的新视野。使用计算机软件创作延异图形更加简便和容易。计算机中一种被称为"中间连续画像"的表现方法（图4-116），就能很轻易地表现延异图形。方法是把不同的两种物形或文字等进行转换，就可以在电子计算机上自动处理或延异图形，以至于可以把地球演化成苹果，把房子演化成石头。总之，可以把奇思异想展现在延异图形之中。

图4-114
反战广告设计
"新武器"
佐藤

图4-113　环保广告设计
"我们的自然去向何方"
佐藤

图4-115　《昼与夜》　埃舍尔

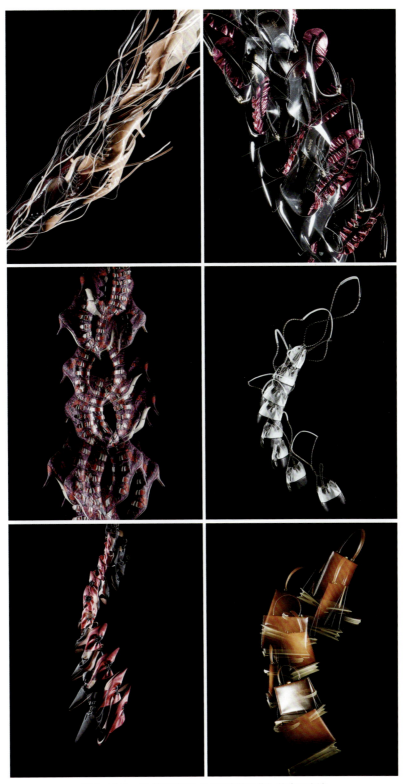

图4-116 计算机软件"中间连续画像"的表现方法

4.3.19 | 位移

4.3.19.1　移形

广告创意中，通过移"形"能够借助其他具有相似性或指征性的形状来对物体进行替换，并能完整保持物体**视觉特征**，从而构成**非现实组合形式**，以此达到置换的目的。这种移"形"置换的方式，带给人们强烈的视觉冲击，加深人们对作品的印象，同时引发人们对作品进行思考（图4-117）。

在移"形"的影响作用之下，能够让人将两种原本迥异的物象含义连接到一起，并形成新的完整概念表达。总体而言，移"形"最大的特征就是在视觉效果方面，能够将原本并不合理的现象加以整合，使其能够符合逻辑标准，并由此形成强烈的视觉冲击力，进而达到预期效果。

而在广告视觉传达体系里面，一般会通过一种事物的外在形象特征来引导受众产生对其他事物的联想，或者是通过嫁接的方式将多个事物形态组合起来，构成新的事物形态。本质而言，移形就是一种心理暗示与诱导。

移"形"不但能够实现对相同或者相似图形进行变换，而且还可以针对图形元素做出改造与完善，完成多个图形置换。

图4-117　移"形"的广告创意设计

4.3.19.2 移义

移"义"具体指的是利用**相似的含义**，借助其他事物属性完成对某一事物属性的表达。在广告创意设计中，移义一般通过**联想**的方式将多个含义相近或者相同的经验意义组合起来，并经过汇聚为核心视觉元素，从而表达客观的主题。移义就是让既定表达的对象事物外表出现变化，实现对其常识概念认知的颠覆，从而加深受众的视觉印象，达到广告宣传目的（图4-118）。

图4-118　颠覆人们对常识概念的认知以达到移"义"的视觉效果

4.3.19.3 材质肌理位移

人类的感知对象集中在物质世界上，而因为不同物质会存在着外形、肌理以及构成材质上的差异，所以针对人类产生的视觉感受以及触觉感知也会有所区别。任何一种物质都有其独特的表面组织，因其构造不同，形成了表现不同的质感，粗糙或光滑等。广告创意中，为了避免陷入视觉麻木中，可以通过错位颠倒的方式，通过其他物质来替代组织结构。在这个过程当中结构关系可以保持不变，但是外部质感却会改头换面，于是人们所观察到的物象就会和脑海里面固有的经验出现矛盾冲突，进而产生了强烈的"趣味性"（图4-119），同时也会在视觉上更为集中地关注该变化。在广告创意实践当中，应预留足够的理解空间，由受众做出理解补充，以强化认知效果。

图4-119　材质与肌理的位移——CURTIS果茶广告设计

4.3.20 | 叠化

　　叠化亦称叠画，或称叠画图形。叠化原是视频切换的一种技巧性转场特技，不同的叠化方式具有不同的表现功能。现代广告创意及设计中，设计师借鉴、利用了视频剪辑中画面切换的技巧和效果，形成了独特的静态广告视觉语言（图4-120）。叠化效果在广告设计中应用，可以在有限的广告画面中，传达更多的信息（图4-121），也可以增添广告画面的层次感和视觉美感，达到独特创新的视觉形式。

图4-120　叠化画面

图4-121　叠化的广告视觉表现形式

4.3.21 | 动物元素

动物元素在广告创意中十分常见。在 20 世纪，大卫奥格威就曾提出广告创意的"3B"原则，"Beast"（动物）就是其中之一。动物本身不带有人的情绪，广告设计师抓住受众心理，将"空白"的动物形象打造成紧扣观众心弦的**情感专家**，创作了无数现象级的传播案例。

不同的动物带有自身独特性格，相比于脆弱的人性，动物显得更加高尚，因此，人们往往喜欢将自己比作某种动物。一旦动物符号与动物本身产生联系，受众今后面对同一形象时，便自然联想到固定的品牌或产品，也就是所谓的**持久度**。

社会主流文化中，动物及动物的衍生物在各个领域的受欢迎程度空前高涨，这背后反映的是现代人对动物的依赖心理。从进化角度看，人与动物由共同先祖演变而成。一方面，强势的人类对待弱势的动物，心中的关爱同情感自然迸发；另一方面，大部分动物的形象可爱又美丽，在直击人心中柔弱部位的同时，迅速俘获人心（图 4-122）。

动物的视觉形象按拟人化的手法表现，在一开始就要调动消费者的情绪，制造心理兴奋感，满足人们好奇的欲望，再把人的一些动作、表情、着装赋予动物，看起来滑稽可笑，让人忍俊不禁。借动物的躯壳来表现，使产品的受关注度大增。

图 4-122　拟人化的动物元素在广告创意中的应用

4.3.22 | 明星效应

"明星"这一概念主要是指那些在体育,文艺等方面有高度吸引力和关注度的知名人士。由于这些人具有较高的**吸引特质**,被别人广为喜欢的情况在日常生活中经常发生,所以广告就抓住了这一特点,将明星概念引入到广告设计中,通过明星或名人的一系列特质来传递商品品牌的内涵,将明星与品牌匹配起来,引导消费者效仿心理,促使消费者进行**直觉消费**和**情感消费**。

广告可以说是一种唤起人们欲望的艺术,把明星符号引入到广告设计中,将明星特质与商品发生关联,引导人们努力改变固有的思维定式,促使人们产生新行为,去接受更多更新的事物。由于人们的**效仿心理**,希望自己也能像明星一样,既然自己拥有了明星代言的产品就能够拥有明星的特质,从而刺激他们的消费欲望。明星广告成为满足、激发普通人欲望的"梦工厂",唤起了人们的情感需求(图4-123)。

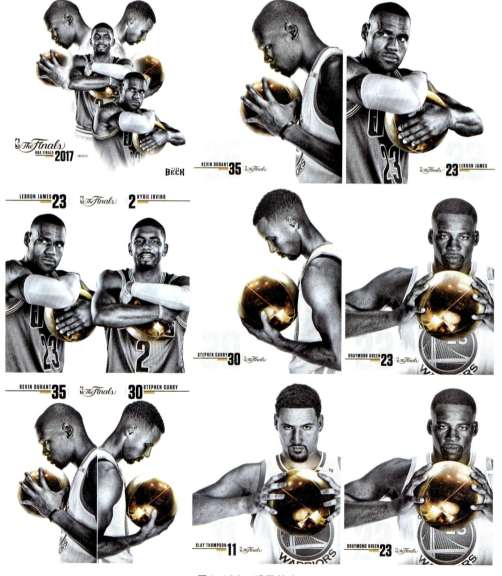

图4-123 明星效应

4.3.23 | 光影

光是人类眼睛所能观察到的一种辐射，影是光的产物，是物体因挡住光线而投射的暗像或因反射而显现的虚像。无光则无影，影与光是不可分的。光线落在物体上从而按照逻辑关系创造出光和影。任何物体都是置于一定的光照条件下才为视觉所感知，因为有了光物体才具备了各种视觉特征。当人们通过视觉感知到有影的存在的时候，强烈的光感也会被我们察觉到。这也是光影存在的形式。

广告创意设计中，光影作为造型表现的媒介，其如何选择、运用、设定，自然影响着广告画面的表达方式。因此，光影的运用与画面构图的完美结合，使广告作品有其独特的审美价值。光影在广告中的运用可以使画面空间效果从二维转入三维，用明与暗的对照方法来表现空间变化，以求在平面空间中获得立体的视觉形象。用光影表现三维空间即运用光影使物像获得立体感，从而创造出空间效果（图4-124）。

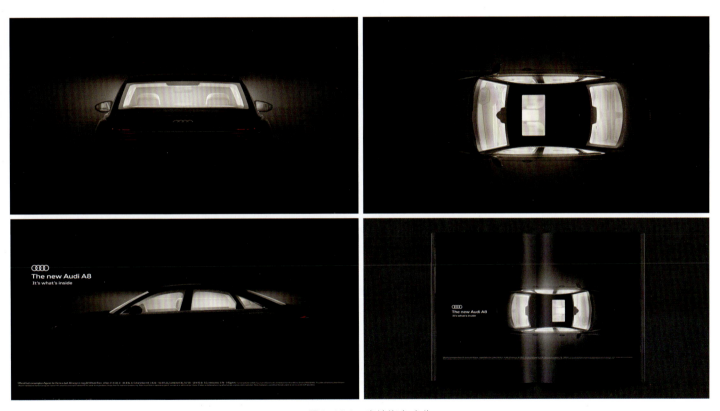

图4-124　奥迪汽车广告

4.3.24 | 超高速摄影

超高速摄影在广告创意制作中具有独特的表现功能。超高速摄影可以表现人们肉眼看不见的瞬间动作，如子弹飞出膛时的运动状态；足球被射门时的动作过程；还有一滴乳液落进乳汁里产生的优美的涟漪。超高速摄影不仅揭示出人眼难以看到的自然界的现象，还能创造出一种运动的美的形式，或某种寓意和象征。超高速摄影技术应用到广告创意和制作中，可以为广告画面带来丰富的视觉表现手段和方式。以往不可能实现的广告画面，通过超高速摄影技术都可以变为现实（图4-125、图4-126）。

图4-125　超高速摄影

图4-126　超高速摄影广告

4.3.25 第一视角

"第一视角"广告是指,广告创作者通过模拟人类的**视觉生理习惯**进行创作。广告作品中的一个人物用他的第一人称和其自己的语言进行表述,他可以讲自己的故事(作为主人公之"我"),也可以讲别人的故事(作为目击者之"我")。广告事件中的这个"我",可以是广告主、消费者、形象代言人、旁观者,也可以是拟人化的产品形象。第一视角从"我"的**耳闻目睹**和**心理感受**出发来表现广告的信息内容,使我们得以体验通过他人的眼睛看客观世界,并进入他人主观世界的经历,让受众体验到身临其境的**现场感、真实感、自我感**。这种广告创意策略的表现方式即为"第一视角"。

"第一视角"广告不但要具有制造流行、制造时尚的作用,而且还要有改变消费者的消费心理和消费习惯的作用,更要在精神上与消费者达到共鸣,引导人们超越自我,追求更美好的人生(图4-127、图4-128)。

图4-127 "第一视角"

图4-128 "第一视角"广告

参考文献

[1] 张晓东,宋玉书.广告法规与管理.大连:辽宁师范大学出版社,2001.

[2] 陈瑛.广告策划与设计.北京:化学工业出版社,2007.

[3] 蒋旭峰,杜骏飞.广告策划与创意.北京:中国人民大学出版社,2006.

[4] 刘昕远.广告学概论.北京:中国轻工业出版社,2007.

[5] 黄升民,段晶晶.广告策划.北京:中国传媒大学出版社,2006.

[6] 胡晓云,张健康.现代广告学.杭州:浙江大学出版社,2007.

[7] 余明阳,陈先红.广告策划创意学.上海:复旦大学出版社,2007.

[8] 丁柏铨.广告文案写作教程.上海:复旦大学出版社,2005.

[9] (美)维尔斯.广告学原理与实务.张红霞,译.北京:北京大学出版社,2007.